돈없이 돈버는
일자리플랫폼

_____ 님께

_____ 드림

돈없이 돈버는
일자리플랫폼

지 은 이 | 김용숙
펴 낸 이 | 김원중

기　　획 | 허석기
편　　집 | 이은림, 김주화
디 자 인 | 안은희, 옥미향
제　　작 | 김영균
관　　리 | 차정심
마 케 팅 | 박혜경

초판인쇄 | 2017년 2월 10일
초판발행 | 2017년 2월 17일

출판등록 | 제313-2007-000172(2007.08.29)

펴 낸 곳 | 도서출판 상상나무
　　　　　상상바이오(주)
주　　소 | 경기도 고양시 덕양구 행주산성로 5-10
전　　화 | (031) 973-5191
팩　　스 | (031) 973-5020
홈페이지 | http://smbooks.com
E - m a i l | ssyc973@hanmail.net

ISBN : 979-11-86172-39-1(03300)

값 13,000원

돈 없이 돈 버는
일자리플랫폼

김용숙 | 箸

아.나.기(아줌마는 나라의 기둥)는 1999년에 창립되었습니다. 김영사에서 '아줌마는 나라의 기둥'이라는 책을 발간한 것이 계기가 되었지요. 여러 언론이 서평을 보도하자 많은 아줌마들이 저를 찾아왔습니다. 전혀 계획하지 않았지만 자꾸 만나다보니 저절로 단체가 만들어졌습니다.

그동안 최선을 다했으나 아직 결과는 미미합니다. 다만 집안에 꽁꽁 숨어 있던 '아줌마'라는 단어가 밖으로 나온 것은 의미있는 일이라고 생각합니다. 먼지를 털고 햇볕을 쬐면서 '아줌마'는 어느덧 공식적인 존재가 되었습니다.

아줌마 운동을 시작한 지 18년이 되었습니다. 함께 일한 아줌마들이 어느덧 손자 손녀들이 태어나면서 할머니가 되었습니다. 요즘 할저씨, 할줌마라는 신조어가 생겼습니다. 오픈사전에 보면 할줌마를 '60대 초중반의 할머니와 아줌마 사이의 사람들을 이르는 말'이라고 설명하고 있습니다. 예전에는 환갑 지나면 할머니라고 생각했지만 요즘 60대면 한창인 나이입니다.

유엔이 발표한 새로운 연령 분류에 따르면, '17세 미만은 미성년, 18~65세는 청년, 66~79세는 중년, 80~99세는 노년, 100세부터가 장수 노인'입니다. 유엔 분류에 따르면 아.나.기 활동을 함께 해 온 회원들은 할줌마가 아니라 청년인 셈입니다. '할줌마'면 어떻고 청년이면 어떻습니까?

지금 이 순간 무슨 생각을 하고 앞으로 무슨 일을 할 것인가, 꿈을 안고 희망차게 달리는 것이 중요합니다. 저는 아줌마도 할줌마도 아닌 '갓줌마'를 제안합니다. 흔히 인기 연예인들 이름 앞에 '갓'을 붙이곤 하는데 아나기의 아줌마들이야말로 갓줌마입니다. 한국의 아줌마는 세계가 인정하는 파워우먼이니까요.

사람들이 제게 묻습니다. 아.나.기에서 하는 활동이 무엇이냐고. "생활문화 개선운동을 합니다." 하고 답하면 "그게 뭔데요?" 하고 반문합니다. 여기서 말문이 막힙니다. 저는 아줌마들의 생각이 바뀌어야 삶의 방식이 바뀌고, 아줌마들의 명예도 회복된다고 생각합니다. 그런데 불행히도 '생각 운동'은 눈에 보이지 않아서 표시가 나지 않습니다. 돌면 그 자리고 다시 돌아도 그 자리에 서 있는 저를 발견하게 됩니다. 그렇더라도 '아줌마 정신'은 포기할 수 없습니다. 눈에 보이는 결과가 없을지라도 아줌마 정신만큼은 놓지 않을 각오를 다지고 있습니다. 정신은 모든 삶에 영향을 미치기 때문입니다.

저는 삶의 굴곡을 통해서 정신이 육체를 지배한다는 것을 실감했습니다. 마음을 바꾸니 건강이 놀랄 만큼 좋아지고 세상살이가 편해졌습니다. 그동안 저를 힘들게 했던 것은 이글거리는 욕심이었습니다. 흉악한 욕심을 채워 주는 것은 돈입니다. '우리를 힘들게 하는 욕심과 돈의 문제를 어떻게 다룰 것인가' 이것이 저의 활동주제입니다.

문제의식을 갖고 삶을 구석구석 들여다보니 어둡고 그늘진 곳이 일목요연하게 보이기 시작했습니다. 특히 아줌마들의 삶이 외롭고 힘들어 보였습니다. 아줌마가 행복해야 세상이 밝아집니다. 아줌마들의 그늘진 마음을 치유할 수 있는 방법은 무엇일까? 고민에 고민을 거듭하면서 결국 '일을 통한 자존감 회복'이 먼저라는 결론에 도달하게 되었습니다.

그렇다면 아줌마들이 잘 할 수 있는 일은 무엇일까? 가족을 위한 희생정신으로 똘똘 뭉친 아줌마들의 강점은 '정성스러운 마음가짐'으로 모든 것을 대한다는 것입니다. 생활의 노하우와 희생 정신을 돈벌이와 연계하면 분명 경쟁력이 있습니다.

물질에 코가 꿰어 정신을 놓고 살아가는 현대인들에게 필요한 것은 무엇일까요. 아픈 마음을 쓰다듬고 어루만져 주는 일입니다. 또한 어떻게 돈을 벌고 어떻게 쓸 것인지, 어떻게 하면 돈으로부터 자유로울 수 있을지를 생각해 봐야 합니다. 자녀들을 돌보는 문제도 아주 중요합니다.

바쁘게 사느라 정작 중요한 문제가 소홀하게 다뤄지고 있습니다. 삶과 맞닿아 있는 문제를 중심으로 일자리를 창출하면 경쟁력이 있을 것입니다. 아줌마 일자리는 누군가에게 의존하기보다 독립적으로 만들어 내면 좋겠습니다. 아줌마들의 자존감을 회복하는 일이기 때문입니다.

일자리 창출 문제를 고민하면서 중요하게 생각한 다른 한 축은 재미와 의미입니다. 두 개의 수레바퀴가 균형 있게 돌아가야 합니다. 재미있어야 열심히 일할 수 있고, 의미가 있어야 공동체에 도움이 됩니다. 너도 좋고 나도 좋고 사회에 도움 되고 국가에 이익 되는 일이면 좋을 것입니다. 돈벌이에만 몰두하는 일자리 공화국은 또 다른 사회문제를 야기할 수도 있습니다.

저는 아줌마 일자리에 빅뱅이 일어나기를 바랍니다. 아줌마들의 숨겨진 능력이 개인의 행복과 국가 발전에 기여하게 되기를 바랍니다. 제가 제시하는 아줌마 일자리 창출 문제가 다소 애매할 수도 있습니다. 의미와 재미의 경계선이 불분명할 수도 있습니다.

그럼에도 기존의 일자리 문제에 대한 고정 관념을 극복하는 기회가 되길 바라는 마음에서 이 책을 쓰게 되었습니다. 물론 제가 제안하는 내용들이 혼자만의 힘으로 실현되기는 어려울 것입니다. 국가나 사회가 힘든 분들에게 관심을 기울여 주었으면 싶습니다. 이 책을 정부나 정치권, 사회를 향해 던지는 화두로 삼고, 서로가 힘을 모아 앞으로 나아갔으면 합니다.

이 글을 쓰고 있는 지금 대통령 탄핵 문제로 국가 전체가 흔들리고 있습니다. 저는 광화문 광장의 평화로운 촛불시위를 지켜보면서 대한민국의 새로운 희망을 보았습니다. 몇몇 언론에서는 노벨평화상감이라며 극찬하고 있습니다. 이번 시위 현장에는 많은 아줌마들이 자녀들의 손을 잡고 나왔습니다. 평화시위로 이끈 주역 중의 한 축이 아줌마라고 감히 주장해 봅니다 이것이 대한민국 아줌마의 힘이라고 생각합니다.

여러 어려움이 있었지만 아.나.기가 계속 활동할 수 있도록 도움을 주신 분들께 감사의 인사를 전합니다. 아.나.기 활동에 참여해 온 아줌마님들, 10년 동안 (사)아나기코리아비앤비 이사장을 역임해 주신 이한택 주교님, 아.나.기 고문이신 김동호 부산국제영화제 이사장님, 강지원 변호사님, 친구이자 연기자인 고두심 님께 머리 숙여 인사드립니다. 무엇보다도 제 전화기에 입력된 천여 분의 지인들이 음으로 양으로 도움을 주셔서 지금까지 활동할 수 있었습니다. 고맙습니다.

2017년 1월 워커홀릭 할줌마 김 용 숙

|목 차|

프롤로그 ····· 4

|제1장| **나를 찾아 떠나는 추억여행**

- 강으로 들로 뛰어 다니던 선머슴아   14
- 엄마의 호위무사   17
- 호기심천국 사춘기   19
- 탤런트 시험 세 번, 승무원 시험 세 번   21
- 결혼 대 사기극   25
- 독립군으로 산다.   28
- 옷 장사로 두 번 망하다   30
- 집 짓다 철들다   33
- 나 홀로 재판   34
- 시민운동꾼이 되다   38
- 죽는 그날까지 현장을 지키리라   42

|제2장| **아줌마가 일해야 다 함께 행복하다**

- 일을 통해 존재의 가치를 찾는다   46
- 한국의 아줌마   47
- 왜 아줌마 일자리플랫폼인가?   50
- 하고 싶은 일과 잘하는 일   52

제3장	40대 경단녀 일자리

• 경단녀의 고민	58
• 착한 결혼 코치	61
• 숲속유치원 보육부모	65
• 급식 mom이 급식을 바꾼다	68
• 파티테이너는 에너자이저	70
• 마음독립상담 mom의 역할	73
• 음양오행 자녀교육 코치	76
• 자녀 연애 코치	78
• 선비가족캠프 코치	81
• 가족주식회사 코치	84
• 아줌마 소비자리포터	86
• 방송테이너의 건강한 의견	89
• 다큐테이너가 알리는 생활의 지혜	92
• 아줌마 생활전문기자	94
• 아줌마 일자리 인스펙터	96
• 아줌마 일자리 강사	98

제4장	할줌마 일자리

• 음식물쓰레기도 판매한다	102
• 출산돌봄 mom	105
• 이혼관리 코치	109
• 웰다잉 코치	111
• 한국생활관광안내 mom	114

| 제 5 장 | **가족기업**

- 아.나.기 K-bnb 118
- 가정어린이집 mom 124
- 집밥 mom의 집밥 만들기 126
- 8체질 건강음식 전문가 129
- 특별음식 mom 132
- 6차산업 퍼머그리컬처 코치 135
- 만능 하우스테이너 137

| 제 6 장 | **일자리플랫폼**

- 인재를 적재적소에 배치한다 142
- 아줌마 일자리장터 펼치기 143
- 허공과 안방에 차리는 회사 145
- 가난한 사람을 위한 은행가 147
- 아줌마방앗간 프랜차이즈 150
- 스페인의 몬드라곤 152
- 아줌마노동조합 154
- 아줌마일자리박람회 157

| 제7장 | **아줌마의 아픔과 작은 희망들**

- 아줌마는 나라의 기둥 160
- 내 딸을 부탁합니다 163
- 남편 기 살리기 165
- 남편의 외도 169
- 홈스테이너 아줌마 171
- 하우스테이너의 여유 173
- 집에서 만드는 웨딩드레스 175
- 자녀에게 경제교육을 시켜라 178
- 음양오행과 중용 179
- 방방곡곡의 아줌마들 181
- 돈 버는 전원 생활 183

| 제8장 | **진짜 문화인이 되어라**

- 내 마음 살림살이 188
- 아줌마 예술단 191
- 가족복지를 실천하는 아줌마 193
- 오작교공동체 197
- 소박하고 단순하게 199
- 100만 원으로 한 달 살기 202
- 배려문화포럼 205
- 국민고발단 208

에필로그 211

● ● ● ● ● ● ● ● ●

나를 찾아 떠나는 추억여행

경험들을 통해서 내가 얻은 교훈은 지
식과 돈이 아닌, 상식과 용기가 중요하
다는 것이다. 싸울 건 싸우고 흉볼 건
흉보면서, 더러는 창피해 하고 더러는
자랑스러워 하면서 살아나간다. 남보다
많이 배운 척, 가진 척 할 필요가 없으
니 속이 편하다.

나를 찾아 떠나는 추억여행

강으로 들로 뛰어다니던 선머슴아

나는 경기도 고양시 능곡에서 태어나 초등학교 3학년까지 그곳에서 성장했다. 우유 가루와 옥수수 빵을 배급 받는 사람들이 많은 가난한 동네였지만 나에게는 아름다운 추억을 만들어 준 곳이다.

소녀 시절 다소 거칠었던 나의 삶은 이후 사회활동에 많은 도움이 되었다. 봄이 오면 뒷동산에 올라 진달래를 꺾고, 아카시아 꽃을 한 웅큼 훑어서 입에 털어 넣곤 했다. 여름에는 수리조합 냇가에서 조개를 잡고 장마철에는 소쿠리를 들고 나가 개울에서 송사리와 미꾸라지를 잡았다. 가끔은 뱀을 잡기도 했다. 뱀은 죽어도 땅 냄새를 맡으면 다시 살아나니 반드시 나뭇가지에 걸쳐 놓아야 한다는 할머님 말씀을 철석같이 믿어서 잡은 뱀을 할머니께 갖다드렸다.

지금도 봄이 오면 들로 나가 냉이와 쑥을 캐고 싶다. 어릴 때 시골에서 마음껏 뛰어 다닌 경험은 나를 단단하게 만들었으며 농촌과 환경에 대한 소중함을 깨닫게 했다. 환경을 걱정하는 이 마음이 나중에 나를 불행 구덩이에서 구하는 계기가 되었다.

어린 시절의 나는 자존심 덩어리에다 욕심꾸러기였으며 통제 불가능한 공주병 환자였다. 심지어는 너무 잘나서 나와 결혼할 남자가 없을 거라고 생각했을 정도였다. 이러한 사고를 가진 사람은 어려움에 처했을 때 큰 문제에 맞닥뜨리게 된다. 무슨 일이든 다 해낼 수 있다고 생각하다가 벽에 부딪치면 상식적인 생각을 하지 못하게 되는 것이다.

결혼한 이후 잘 나가던 사업이 망했을 때에도 남편 탓, 시대 탓으로 돌리며 속을 끓이다가 혈압이 뚝뚝 떨어지는 바람에 이틀에 한 번씩 앰뷸런스에 실려 다닌 적이 있었다.

그렇게 지옥을 헤매던 어느 날, 쓰레기를 버리고 돌아서는데 느닷없이 그 '쓰레기의 운명'이 궁금해졌다. 그날 이후 쓰레기 문제가 머리에서 뱅뱅 돌았다. 한강변의 빽빽한 아파트를 볼 때면 "저기서 쏟아지는 쓰레기로 서울 시민이 쓰레기 더미에 파묻히게 되면 어쩌나"하는 걱정이 일었다.

그때부터 쓰레기를 꾹꾹 밟아 작게 만들어서 버리는 버릇이 생겼다. 그러나 부피는 작아져도 내용물은 변하지 않는다는 게 또 문제였다. 쓰레기를 줄이는 근본적인 방법에 대한 고민이 계속 꼬리를 물었다. 얼마 후 한 가지 생각이 머리를 스쳤다.

'쓰레기를 줄이려면 먼저 소비를 줄여야겠구나!'

무릎을 탁 쳤다. 하지만 이내 고민이 이어졌다. 당시 나는 옷장사를 하고 있었는데 소비를 줄이면 내 옷은 누가 살 것인가? 이런 모순된 생각을 똑똑하다는 사람들에게 말해 보았지만 속 시원한 대답은 들을 수 없었다.

해답은 엉뚱하게도 두 번째 사업이 망한 뒤에야 찾게 되었다. 돈이 없으면 배가 더 고픈 법이다. 식당에서도 물을 사 먹어야 하는 파리에 가면 이상하게 목이 더 마른 것과 같은 심리다. 사업이 망한 뒤에 백화점에 가니 왜 그렇게 사고 싶은 물건이 많던지, 백화점을 통째로 들어서 집으로 옮기고 싶은 심정이었다. 그 때 어디선가 "야 정신 차려! 너 쓰레기 걱정한다면서 지금 뭐하는 거야?"하는 소리가 들리는 듯했다.

정신이 번쩍 들었다. 허둥지둥 백화점을 나와 집으로 돌아오면서 생각했다. '나는 물건을 못 사는 사람이 아니고 안 사는 사람이야. 나는 인내심이 있는 사람이야!' 스스로 위로하는 방법을 깨닫자 더 이상 불행하다는 생각이 들지 않았다.

광명을 찾은 듯 기뻤다. 물건의 노예가 되어 발버둥 치던 지난 날의 내가 가여웠다. 지금도 욕심이 발동할 때마다 쓰레기를 생각하면 물욕이 고개를 숙인다. 이것이 행복의 씨앗을 잉태하는 중요한 사건이었음을 한참 후에야 깨달았다. 아울러 사회운동을 하게 만든 정신적 기반이라는 사실도.

엄마의 호위무사

작고하신 아버지께 우선 죄송하다는 말씀을 드리고 싶다. 친정 아버지의 외도 이야기를 해야 하기 때문이다. 한창 감수성이 예민하던 열네 살 사춘기 시절, 아버지로 인해 집안 분위기는 늘상 우중충했다.

나는 이런 저런 문제로 가슴 아파하는 어머니를 볼 때마다 아버지의 외도 상대인 '그 여자'에 대한 분노가 치밀었다. 한번은 부부싸움 후 화가 난 어머니가 김장을 하지 않고 버틴 일이 있었다. 그 여자 편을 드는 시어머니에 대한 일종의 시위였다.

얼마 후 일부러 틈을 탔는지는 몰라도 어머니가 안 계실 때 그 여자가 불쑥 찾아왔다. 와서 할머니에게 한 말이 가관이었다.

"어머니 아직 김장 안 하셨다면서요?"

그 여자의 말에 화가 치밀었다. 뭐야? 우리 집 김장 안 한 것을 아버지가 그 여자한테까지 말했단 얘기잖아? 생각이 거기에 미치자 실망감이 들고 화를 참을 수 없어 소리를 빽 질렀다.

"우리 김장은 우리가 알아서 할 거예요."

그러자 그 여자가 어린 것이 어른에게 덤빈다면서 내 멱살을 잡는 게 아닌가? 멱살까지 잡힌 터에 가만히 있을 내가 아니었다. 오른쪽 주먹으로 그 여자의 팔을 내리치자 그 여자는 씩씩거리다가 결국 제풀에 지쳐 돌아갔다.

잠시 후 돌아온 아버지가 "네가 아버지하고 사는 사람을 때려?" 하면서 나를 혼냈다. 할머니의 적극적인 두둔으로 매를 맞지는 않았지만 엄청난 실망감이 몰려왔다. 그날 나는 여자의 말만 듣고 자식을 혼낸 아버지와 마음으로 이별했다.

평소 아버지는 나를 상딸이라 부르며 귀여워 했기에 나 또한 그 여자는 싫었어도 아버지까지 미워하지는 않았었다. 그러나 그날 이후로 '그 여자의 말만 듣고 나를 혼내? 나보다 그 여자가 더 소중해?' 하는 생각에 사춘기 반항심이 활활 타오르기 시작했다.

그날 이후 몇 가지 변화가 생겼다. 손녀라면 오금을 펴지 못하던 할머니도 나를 멀리하게 된 것이다. 결국 나는 할머니에게 용돈을 받지 못하는 처지가 되었다. 그 일 때문이었는지는 몰라도 얼마 지나 아버지는 그 여자와의 관계를 청산했다. 나중에 전해 듣기로 "자녀들이 철이 드니 함부로 행동할 수 없었다"고 말씀하시더란다.

나에게 사춘기는 부끄러운 시절이다. 외도하는 아버지의 딸이라는 사실 때문이었다. 그 시절의 상처는 트라우마로 남았고, 어머니의 아픔을 보면서 마음속으로 엄마처럼 착하게 살지 않겠다는 다짐을 했다. 희생적인 삶은 무시 당할 위험이 있다. 아버지는 어머니가 참고 사는 것을 편하게 이용했다는 생각이 들었다. 어머니는 바보라서가 아니라 자녀를 위해 모든 어려움을 견뎌 낸 현명한 분이었는데.

어머니의 아픔을 보면서 나는 같은 여자를 가슴 아프게 하는 일은 결코 하지 않겠노라고 결심했다. 그때의 기억은 남녀관계를 엄격하게 바라보게 하는 계기가 되었으며 아울러 연애라는 아름다운 추억을 앗아가는 결과를 낳았다. 내가 연애 경험이 없다고 하면 아무도 믿으려 하지 않는다. 하지만 사실이다. 때로 억울하다는 생각이 들지만 숨겨야 할 과거가 없기에 중매로 만난 남편 앞에서 당당할 수 있었다.

이제 다 지나간 이야기를 하고 나니 아버지께 죄송한 마음이 든다. 결혼한 이후에도 아버지를 자주 찾아뵙지 않았다. 가장 사랑했던 딸에게 외면 받는 것을 무척 서운해 하셨다고 한다. 아버지에게 매몰차게 한 것이 많이 후회스럽다. 아버지가 돌아가신 후에야 생전에 잘하라는 말이 가슴에 와 닿는다. 무슨 일이든지 최선을 다해야 뒤에 후회가 없다. 지금 어머니를 모시고 사는 것 또한 후회하지 않기 위해서다. 아버지에게 못다한 효도까지 어머니께 하려고 노력하는 중이다.

호기심 천국 사춘기

나는 아직도 호기심 천국에 살고 있다. 사춘기 때부터 지금까지 지속되는 현상이다. 학창시절에는 넘치는 호기심으로 공부를 할 틈이 없었으니 성적이 좋을 리 없었다. 공부를 잘하려면 의자에 진득하게 앉아 있어야 하는데 나는 궁금한 게 많아 오래 앉아 있지를 못했다.

그러다가 대학입시가 코 앞에 닥치자 공부를 해보겠다는 명목 하에 성적이 좋은 친구를 꼬드겨 학교에 남았다. 우리의 공부 장소는 교사 숙직실이었다. 중고등학교 6년 동안 반장과 부반장을 놓치지 않은 덕분에 그런 호사를 누릴 수 있었다.

선생님들 사이에서 공부는 못하지만 김용숙을 반장 시키면 편하다는 소문이 돌았다고 한다. 선생님이 오시기 전에 출석 체크도 해 놓고, 학급비도 일 등으로 걷어서 냈다. 수업 시간에 공부는 뒷전으로 하고 학급비 독촉 쪽지를 쓰느라 바빴다. 쪽지를 다 쓰고 나면 장갑을 짜서 반 친구들에게 팔았다. 지금 생각하면 어릴 때부터 의류제조업을 하려고 워밍업을 한 듯하다.

숙직실에서는 과연 열심히 공부를 했을까? 물론 처음에는 그럴 생각이었다. 하지만 숙직실에 있는 전화기를 보는 순간 공부 생각이 멀리 달아나고 말았다. 그때만 해도 집에 전화 있는 친구가 한 반에 한두 명밖에 없던 시절이었다. 그러니 전화가 있어도 걸 만한 곳이 없었다.

하지만 교무실에서나 봤던 전화기가 눈앞에 있는데 기회를 놓칠 수는 없는 일이었다. 무작위로 아무 번호나 돌리자 덜컥 전화가 연결되었다. 처음엔 놀라서 얼른 끊어버렸다. 다시 마음을 가다듬고 전화를 하니 어떤 여자가 받는다. 말없이 끊고 다시 번호를 돌리니 이번엔 남자가 받는다. "사랑해"하니 저쪽에서 "나도"라고 답한다. 공부를 한답시고 학교에 남아서 한 일이 전화 장난이었다. 요즘을 'SNS 폭력'시대라고 부른다면 우리 때는 '전화 폭력'시대였다.

공부보다 놀기에 바빴던 나는 수도여자사범대학(현 세종대학교) 식품화학과에 입학했다. 요즘은 대학입시가 수시와 정시로 나뉘지만 내가 시험 칠 때는 전기와 후기로 나뉘었다. 수도여자사범대학은 전기 대학으로 졸업 후에 교사가 될 수 있었기 때문에 지방에서 우수한 학생들이 많이 지원했다. 당시에는 가정과의 경쟁률이 높았고, 식품화학과는 비인기 학과여서 경쟁률이 낮았다. 적성과 상관 없이 합격을 위해 식품화학과를 선택했던 것이다. 하지만 세월이 지나 식품화학과가 인기 학과가 되었고 가정과는 거의 사라졌다.

공부를 잘하는 편은 아니었지만 나의 부지런함을 인정한 선생님들 덕분에 학급반장을 하게 되어 문제아로 전락하지 않았던 것 같다. 사춘기 때 발랄하게 지낸 덕에 그 또래 아이들의 심리 상태를 잘 이해한다. 청소년들은 믿어 주면 절대 비뚤어지지 않는다. 그러한 경험을 살려 2015년 '사춘기 해방 축제'를 개최하여 많은 청소년들을 만나기도 했다.

탤런트 시험 세 번, 승무원 시험 세 번

적성이 아닌 점수에 맞춰 들어간 대학이다 보니 공부가 어렵고 재미없었다. 원래 나는 대학이 아닌 국제복장학원에 가서 디자이너가 되고 싶었다. 하지만 아버지의 반대로 일단 대학에 입학했던 것이다.

고등학교 때 내가 공부를 못한 이유는 수업시간에 책이 아닌 거울을 열심히 들여다보았기 때문이다. 그러다가 고등학교 1학년 때, 지금은 고인이 되신 탤런트 여운계 씨를 만나면서 배우의 꿈을 꾸게 되었다.

여운계 씨는 나를 방송국과 영화 촬영장에 종종 데려갔다. 〈이층집 새댁〉이라는 영화에 출연했던 문희 씨와 연속극 〈마부〉와 〈아씨〉에 출연했던 노주현 씨, 강부자 씨, 김창숙 씨 등 일류 배우들과 만나게 된 것도 그 무렵이다.

여운계 씨의 안내로 TBC(동양방송: 1964~1980)에 원서를 냈지만 보기 좋게 탈락했다. 두 번째 도전에서도 고배를 마셨다. 얼마 후 MBC에 응시하여 5기 공채탤런트에 합격했다. 동기생으로는 고두심 씨, 박정수

씨, 이계인 씨 등이 있다.

나는 탤런트만 되면 구름 위를 떠다닐 줄 알았다. 그러나 3년 내내 단역만 맡아야 했다. 윤여정 씨가 주인공으로 출연한 〈민비〉에 한 회도 빠지지 않고 출연했지만 가족들도 내가 그 드라마에 나오는 걸 모를 정도였다. 무수리 역을 맡으니 화면에 손과 정수리만 보였다. 임금님 앞에서는 고개를 들지 못하니 정수리만 보이고 임금님이 드나들 때는 문 열어주는 손만 보인 것이다. '내가 겨우 이런 역을 맡으려고 탤런트 됐나?' 하는 회의가 일었다.

새로운 탈출구가 필요했다. 때마침 남북적십자회담이 서울에서 개최될 예정이었다. 1972년 9월의 일이다. 배우협회, 가수협회, 탤런트협회, 대한항공 여승무원, 경희대 관광학과 학생 등 5개 단체에서 도우미가 차출되었다. 나는 탤런트협회 소속으로 참여하게 되었다. 모두들 예뻐 보이기 위해 불꽃 튀는 경쟁을 벌였다. 나도 뒤지지 않기 위해 열심히 단장을 했다.

그런데 무시무시한 소식이 들려왔다. 전날 밤 유명 연예인이 북한 대표의 시중을 들었다는 소문이었다. 그 얘기를 듣고 나니 등골이 오싹했다. 누군가가 나를 예쁘게 봐서 뽑히기라도 하면 큰일이다 싶어 분첩을 내려놓았다. 그때부터 화장을 연하게 하는 습관이 생겼다.

그 무렵 행사 준비를 하면서 내가 눈여겨 본 이는 승무원들이었다. 3년여 간 단역 생활에 지쳐 다른 일을 하고 싶던 차에 그녀들이 눈에 띄었던 것이다. 연예인들보다 더 세련돼 보이는 그들을 보면서 승무원에 도전하고 싶은 마음이 생겼다. 함께 도우미 행사에 참여했던 승무원이 신문에 채용공고가 난다는 얘기를 해 줘서 매일 신문을 들여다봤다. 덕분

드라마 〈민비〉 출연자들과 |

대한항공 홈커밍 행사에서(오른쪽이 김용숙 대표) |

에 그때부터 신문 보는 습관이 생겼다.

열심히 신문을 보던 중 대한항공 채용공고를 발견했다. 1차 서류심사, 2차 필기시험, 3차 면접, 4차 마지막 면접의 관문을 거쳐야 승무원이 될 수 있었다. 첫 번째 도전에서 4차까지 갔다가 탈락했다. 마지막까지 올라가면 대개 합격하는데 영어에서 문제가 생겼던 것이다.

하필이면 대한항공에서 영어를 가장 잘하는 조중건 부회장이 면접관이었다. 영어로 전공을 묻는데 무슨 소리인지 못 알아들어 답변을 할 수가 없었다. 한심하다는 표정으로 조 부회장이 다시 "전공이 뭐냐구요?" 하고 물었다. 영어 테스트에서 면접관이 한국말로 질문했고 거기에 "식품화학이요"라고 답했으니 물어보나마나 탈락이었다.

두 번째 도전에서는 2차 필기시험에서 미끄러졌다. 당시 입사 학력 기준은 대학 2년 수료자 혹은 전문대학 출신으로 연령 제한이 있었다. 1975년은 나에게 마지막 기회였다. 버스에서 대한항공 배지를 단 사람만 봐도 가슴이 뛰었다. 반드시 합격하여 나도 대한항공 배지를 달고 싶었다.

다시 도전하여 세 번 만에 합격했다. 탤런트 시험에 합격한 것과는 비교도 되지 않을 만큼 감격스러웠다. 승무원이 되면서 자연스럽게 연기자의 길은 마감하게 되었다. 당시 외국에 나가기란 하늘의 별따기였다. 그러다 보니 마음대로 외국을 드나드는 승무원은 여성들이 가장 선망하는 직업이었다. 미스코리아와 아나운서, 배우들까지도 승무원이 되고 싶어 했을 정도였다.

4년간 승무원으로 일한 뒤에 퇴직을 하고 나니 딱히 전문성을 활용할 자리가 없었다. 함께 연기를 시작한 배우들은 여전히 연기를 하고 있

었다. 그때만 해도 승무원은 결혼과 함께 퇴직해야 했지만 연기자는 정
년퇴직이 없었다. 그때는 연기자를 그만둔 것이 좀 후회스럽기도 했다.
하지만 평범하다고 할 수 없는 연기자와 승무원 두 분야에서 쌓은 경험
은 사회운동을 하는데 음으로 양으로 많은 도움이 되고 있다.

결혼 대 사기극

2004년에 발간한 나의 두 번째 책 제목은
〈결혼 대 사기극〉이었다. 제목이 자극적이지만
실제로 나는 결혼 후 속았다는 배신감에 석
달을 하루도 쉬지 않고 눈물을 쏟았다. 나는 힘들어 죽겠는데 남편은
뜨악한 표정으로 쳐다보기만 했다.

분한 마음에 이혼을 떠올린 것이 한두 번이 아니다. 할 수만 있다면
결혼을 무효로 돌리고 싶었다. 내 인생을 돌려달라고 남편의 멱살을 잡
고 싶다. 그러면서 한 고비, 한 고비, 참고 살다 보니 30년이 지났다.

나만 속은 게 아니라 세상 여자들이 다 속았다고 한다. 그리고 보면
결혼은 영악한 속임수다. 한마디로 결혼은 사기극이다. 여자들이 결혼
을 팔자 고치는 일로 생각하기 때문에 사기극으로 보일 수밖에 없다. 처
음부터 이상과 현실의 괴리를 이해하고 결혼했다면 긴 세월 동안 억울해
하지 않았을 것이다.

내 평생 팔자가 활짝 필 거라고 생각했던 일이 세 가지 있다. 탤런트가 된 것과 스튜어디스가 된 것, 마지막 하나는 결혼이다. 나는 탤런트만 되면 팔자를 고치는 줄 알았다. 인기를 한 몸에 받으며 TV에 내 얼굴이 대문짝만하게 나올 줄 알았다. 그러나 그 기대는 와르르 무너졌다. 오히려 연기도 못하고 머리도 텅 빈 계집애라는 주제파악만 했을 뿐이다.

스튜어디스가 되면 대한민국에서 잘나가는 상류층만 상대하게 될 테니 나도 덩달아 그렇게 될 줄 알았다. 기를 쓰고 승무원이 되어 4년 동안 살펴봤더니 일등석을 타고 다니는 사람들 중 상당수가 겉멋에다 허풍만 가득한 빈껍데기였다. 돈 좀 번다고 어깨에 잔뜩 힘주고 다니는 남자들이 어찌나 우습게 보이던지.

마지막으로 결혼에 잔뜩 기대를 걸었다. '나 같은 공주는 결혼하면 당연히 파티만 하면서 살 거야' 하는 생각에 추호의 의심도 없었다. 그래서 비행하는 동안에도 파티용품 준비에 여념이 없었다.

파리로 첫 비행을 갔을 때의 일이다. 도착하자마자 호텔에 가방을 던져 놓고 샹젤리제 거리로 달려 나갔다. 3년째 연속 상영 중인 〈엠마뉴엘 부인〉을 보고 샹젤리제 거리를 이 잡듯이 뒤졌다.

얼마나 헤맸을까. 등이 깊게 파인 검정색 롱 비로드 드레스와 종이처럼 얇은 가죽으로 만든 파티용 흰색 롱 장갑을 파는 가게를 발견했다. '저 드레스에 저 장갑을 낀다면 나는 영화 속 주인공이 될 거야'라는 환상에 빠져들었다. 1초의 망설임도 없이 파리 출장비로 받은 200달러를 몽땅 털어 그 장갑을 샀다. 그때 야심차게 구입한 장갑은 아직도 장롱 속에서 고이 잠자고 있다. 장갑 때문에 리마인드 웨딩이라도 한번 해야 될 것 같다.

결혼하지 않고 혼자 살면 사기를 당할 일도, 억울함에 분통을 터트릴 일도 없을 것이다. 하지만 사람들은 결혼이라는 사기극의 각본을 쓰고 스스로 그 비극의 주인공이 된다.

요즘도 결혼식에 가는 일이 부담스럽다. 행복의 출발점에 선 그들을 마음 놓고 축하할 수 없기 때문이다. 어쩌다 결혼식에 참여하면 '안됐다. 큰일 났다' 하는 생각이 앞선다. 함박웃음을 머금은 신부의 행복이 얼마나 유지될까, 그 생각에 머리가 복잡해진다.

돌이켜보면 나는 결혼을 왜 하는지, 어떻게 살 것인지, 행복한 결혼 생활을 유지하기 위해 어떤 노력을 해야 하는지 전혀 생각하지 않은 상태에서 시작했다.

나이가 찼고 남들도 다 하는 것이니 나도 한다는 강박관념에 밀려 준비 없이 결혼한 것이 문제였다. 목표도 분명치 않고 노력도 없었으니 가시밭길이 펼쳐진 것이다. 결혼생활이 너무도 행복하다는 사람이 별로 없는 걸 보면 다들 마찬가지인 듯하다.

하지만 누군가가 결혼식장에서 내 귀에 대고 "넌 지금 사기를 당하는 거야. 바보같이 속아서 곧 땅을 치면서 울게 될 거야"라고 말했어도 아마 결혼했을 것이다. 그때는 남편을 사랑했으니까.

독립군으로 산다

사기 결혼을 했다는 생각 때문에 결혼 후에도 한동안 마음이 꽈배기처럼 배배 꼬이기만 했다. 시어머니가 친정어머니보다 호강하는 것도 마땅치 않았고 모두가 시부모님을 제왕처럼 받드는 분위기도 마음에 들지 않았다. 시댁에만 매주 가야 하는 것도, 시댁에서 밥 먹는 것도 다 스트레스였다. 한 끼 식사를 마련하려면 준비할 게 너무 많았다. 전 찍는 장, 생선 찍는 장, 미역 양념장, 국 간 맞추는 장, 이렇게 간장 종류만 네 가지니 알 만하지 않은가.

시부모님 식사 수발을 하느라 네 며느리가 수없이 앉았다 섰다를 반복하고, 설거지를 할 때면 혹시 그릇이라도 깨지 않을까 바짝 긴장해야 했다. 이러다 보니 식사가 끝난 주방에 네 며느리가 모여 앉으면 시부모님 재판이 시작됐다. 이러한 일의 무한 반복이 시집살이였다. 무의미한 일로 시간을 보내고 나면 남는 건 허탈 밖에 없었다.

이대로는 안되겠다 싶어 하나씩 개선해 나가야겠다고 결심했다. 우선 남편을 상대로 행동에 나섰다. 평소 짧은 머리를 좋아했지만 결혼하고부터는 긴 머리를 좋아하는 남편의 취향을 따라 머리를 기르던 터였다. 이제부터는 내가 좋아하는 머리로 살아가기로 결심하고 머리를 잘라버렸다. 남편은 말도 안하고 머리를 잘랐다고 화를 냈다.

"어머, 내 머리 내가 잘랐는데 당신이 웬 참견이야? 앞으론 좁쌀영감 같은 잔소리는 하지 말고 사나이다운 말만 하세요."

내가 강력하게 이야기하자 그날 이후 남편의 잔소리가 사라졌다.

다음은 시부모님이다. 작고하신 시어머니는 천성이 조용했으며 대한민국에서 가장 여성스럽다고 해도 과언이 아닌 분이었다. 시어머니는 자신의 남편 이외에 다른 가족에게는 별 관심이 없었고 모든 생활이 시아버지 중심으로 돌아갔다. 일주일에 한 번씩 가면 부잣집 냉장고였지만 며느리가 먹을 수 있는 음식은 거의 없었다.

어느 날, 시댁에 가서 음식을 만들려고 냉장고에서 이것저것 꺼내는데 집안일을 돕는 처자가 또 제지하고 나서는 게 아닌가? 모두 시아버님 드실 음식이라는 거였다. 한두 번 있던 일이 아니어서 그날은 작심하고 소리를 질렀다.

"이 년이 이 집 며느리를 뭘로 아는 거야?"

소리를 꽥 지르는데 하필 시어머니가 주방으로 오셨다. 소심한 시어머니는 못 들은 척 되돌아 나갔다. 다행이라고 생각했는데 일주일 후 시댁에 갔더니 시어머니가 조용히 부르는 게 아닌가?

"나는 네가 그렇게 욕을 잘하는지 몰랐다. 실망이다."

순간 생각했다. 여기서 무조건 잘못했다고 하면 평생 시집살이를 면치 못할 것 같았다.

"어머니 저는 원래 욕을 잘해요."

내가 바로 시인하자 시어머니는 적잖이 당황한 기색이었다. 다른 며느리들은 뒤에서 궁시렁댈지언정 시어머니 앞에서는 말도 제대로 못하는데 돌연변이 별종 며느리 하나가 등장한 것이었다.

그날 이후 나는 시집살이에서 벗어났다. 시어머니가 동서들한테는 돌아가며 전화로까지 잔소리를 하면서도 나한테는 하지 않았다. 내 의견을 확실히 피력하며 내 자리를 찾아나갔다. 다음 차례는 아들이었다. 아들을 스파르타식으로 단련시키기로 했다.

시댁은 아들 넷을 너무 연약하게 키웠다. 네 형제가 성장하면서 한 번도 싸움을 하지 않았을 정도였다. 그런 환경에서 자란 남편이라 내게 싸움을 걸거나 잔소리를 한 적이 없으니 그 수혜는 내가 입은 셈이다. 실상 우리 부부의 싸움은 늘 내가 먼저 시작했다. 그런 내가 사기 결혼 운운하는 얘기를 들으면 남편은 좀 억울한 마음이 들지도 모르겠다.

이처럼 나는 남편과 시부모의 간섭 없이 살아서 스트레스가 낮은 편이다. 감정을 다 표출하며 사는 나에게 남편은 "당신처럼 하고 싶은 말다 하고 살았으면 소원이 없겠다"고 말한다.

사주팔자를 모르고 살 때는 생활에 도움 안 되는 남편이 원망스러웠다. 하지만 사주를 풀어 보니 나의 대표적인 DNA는 불(火)이고 남편은 금(金)이었다. 불이 금을 녹이는 형국이다 보니 남편은 나를 만나 되는 일이 없었다. 그럼에도 내가 남편을 함부로 생각하지 못하는 것은 남편의 지적 능력이나 인격이 나보다 한 수 위이기 때문이다. 나는 감정의 기복이 있는 편인지만 남편은 변함이 없는 사람이다. 판단이 잘 서지 않는 문제를 남편에게서 답을 얻는 경우가 많다.

옷 장사로 두 번 망하다

결혼 당시 남편은 실업자였다. 대한항공 직원이었던 남편은 나와 맞선을 보기 일 년 전에 사표를 내고 사업을 구상하는 중이었다. 어느 날

의류사업으로 성공한 남편의 고교 친구가 우리 집을 방문했다. 새로운 의류 브랜드를 하나 더 만들 계획이니 동업을 하자고 제안했다.

고등학교 때 디자이너가 꿈이었던 내가 더 구미가 당겼다. 그래서 시아버지의 도움을 받아 여성 의류 제조업에 뛰어들었다. 조용하고 학구풍인 남편의 별명은 교수다. 애초에 사업과는 거리가 먼 사람이었다. 시작은 남편이 했지만 성질 급한 내가 슬금슬금 끼어들기 시작했다. 친구와 동업으로 시작했지만 우리 부부가 사업을 책임지고 운영했다. 명동과 백화점에 매장을 내고 열심히 달렸다. 결론부터 말하면 깨끗이 실패하고 망한 책임도 우리 부부가 고스란히 뒤집어썼다.

친정어머니의 사전에 낭비란 없다. 월부로 물건을 사거나 빚을 지는 것은 상상조차 할 수 없는 분이다. 그런 어머니의 딸이 사업에 망해 빚쟁이 신세가 되고 말았다. 사모님이라고 부르던 사람들이 집으로 쳐들어왔다. 낮에는 집에 사람이 없을 거라 생각해서인지 주로 밤에 몰려왔다. 신발을 신고 안방까지 들어오는 사람도 있었다.

30대 초반이었던 우리 부부는 빚쟁이가 언제 들이닥칠지 몰라 잠옷도 입지 못했다. 사람들이 몰려오면 두려운 마음이 들었지만 피하지 않기로 결심했다. 빚쟁이들이 찾아오면 정성스럽게 맞아들인 다음 마음을 다해 양해를 구했다. 화가 머리끝까지 나서 씩씩거리던 채권자들이 내 이야기를 듣고 돈이 생길 때까지 기다리겠노라며 돌아갔다. 진심은 통하는 법이라는 것과 한국인은 인정이 많다는 것을 그때 실감했다.

1년 뒤에 사업장을 남대문시장으로 옮겼다. 시장 장사는 공장이 없어도 되고 큰 자본이 없어도 가능하다. 샘플을 만들어 하청공장에 맡기면 옷을 만들어 온다. 일 년쯤 지나서 니트 만드는 공장을 열었다. 니트는 우븐(woven: 직물)보다 작업하기가 힘들다. 우븐은 이미 만들어진 천을 구해서 옷을 만드는 것이지만 니트는 직조까지 해야 했다.

2년간 시행착오를 거친 후 3년 만에 히트작이 나왔다. 큰 기대 없이 만든 옷이 날개 돋친 듯 팔려나갔다. 일본 바이어들도 선금을 들고 찾아왔다. 옷을 먼저 사겠다고 뇌물을 줄 정도였다. 일본의 옷 전문상가에 우리가 만든 옷이 안 걸린 집이 없을 정도였다. 하루 매출이 1,000만 원에 이르렀다.

망했을 때의 생각은 까맣게 잊고 교만이 머리를 쳐들었다. '돈 버는 일이 왜 이렇게 쉬워? 이 돈 벌려고 그렇게 기를 썼나? 너무 쉽잖아' 그런 생각이 들었다. 잘 될 때 더 연구하면서 사업에 심혈을 기울여야 하는데 돈 쓰느라 바빴다. 집을 짓고 땅도 샀다. 차를 바꾸고 기사를 채용했다.

도둑을 맞으려면 개도 안 짖는다는 말이 있다. 국내경기와 국제경기가 침체된 가운데 중국과의 수교로 인해 저렴한 옷들이 대량 수입되었다. 국내에서 생산되는 옷이 경쟁력을 잃었다.

두 번째로 사업에 실패하고 말았다. 다시 실업자 신세가 되었다. 그나마 한 번 실패한 경험이 있어서인지 그런대로 견딜 만했다. 이 경험을 계기로 시장경제에서 배운 철학이 있다. 남대문이나 동대문 같은 시장의 경기가 국가 경제의 바로미터라는 점이다. 대한민국의 현금 부자는 시장에 있다. 시장 경기가 좋은 날은 서울의 시내 교통이 모두 막힌다.

시댁에서 받은 집 다섯 채에 해당하는 돈을 두 번에 걸쳐 몽땅 잃었지만 실패에서 얻은 경험은 소중하다. 사업에 두 번 망하고 나니 세상살이에 대한 두려움이 없어졌다. 웬만한 일에는 놀라지도 않는다. 심장에 가죽옷을 입은 듯이.

집 짓다 철들다

돈이 잘 벌리던 1987년 당시, 꿈에 그리던 내 집을 지었다. 건축가와 상의하면서 직접 내 손으로 설계를 했다. 평창동에서 헌 벽돌을 구입해 고풍스러운 집을 짓기로 했다. 을지로를 수없이 누비며 타일을 고르고 변기와 화장실 소품도 외제로 구입했다.

복층으로 70평이나 되는 규모에 방을 여섯 개 만들었다. 세 식구가 방을 하나씩 쓰고도 세 개나 남았다. 집을 짓고 나니 여기저기 소문이 난 모양이었다. 집 지을 계획이 있는 사람들이 우리 집으로 구경을 오곤 했다. 영화 촬영장으로 빌려달라는 제안도 있었다.

10년 만에 꿈꾸던 집을 얻었으니 기분이 날아갈 듯했다. 한마디로 감개무량 했다. 그런데 일 년쯤이나 되었을까? 뉴스를 볼 때면 죄의식이 밀려왔다. 방 한 칸이 없어서 이리저리 쫓겨 다니다 자살까지 하는 사람들이 있는데 내가 이렇게 살아도 되나 하는 생각이 들었다.

뒤늦게 철이 든 것이다. 이러한 생각들은 여행이나 휴가를 줄이게 만드는 계기가 되었다. 나만 잘 사는 것에 대한 미안함과 환경에 대한 염려는 자연스럽게 사회운동에 대한 관심으로 옮겨갔다.

아직까지 궁핍한 생활을 벗어나지 못하고 있지만 돈이나 권력 앞에서 자유롭다. 그것은 내 집이 나에게 준 교훈 덕분이다. 돈으로 사기 힘든 정신적 자산을 갖게 된 것이다.

나 홀로 재판

두 번째 사업에 망하면서 나를 철들게 한 집을 팔았다. 집을 지은 지 4년 만의 일이었다. 집을 팔고 세무서에 일 가구 일 주택으로 세무신고를 마치자 가슴이 미어지는 것 같았다. 공들여 지은 집의 구석구석이 떠올랐다. 그러던 어느 날 세금고지서가 날아들었다. 양도소득세 8,500만 원을 내라는 것이었다.

뭔가 착오가 생겼다는 생각에 세무서를 찾았으나 잘못된 일이 없다고 한다. 느닷없이 들이닥친 벼락에 쓰러질 것만 같았다. 사업이 망해 집까지 팔았는데 8,500만 원을 세금으로 내라니, 차라리 죽는 게 낫겠다는 생각이 들 지경이었다.

삶과 죽음의 경계를 오가며 며칠을 보내다가 세무서에 근무하는 남편 친구에게 조언을 구했다. 남편 친구는 재판을 하면 이길 것 같다고 했다. 조언을 받아 국세심판소에 이의신청을 냈다. 결과는 패소였다. 가재는 게 편이라더니 세무서에서 부과한 세금을 국세심판소가 잘못이라고 판정하기란 쉽지 않았던 모양이다.

굴하지 않고 고등법원을 찾았다. 변호사를 수임할 여건이 못 되어 법에 문외한인 내가 홀로 재판에 나섰다. 남편 사전에 싸움이란 없으니 나혼자 나설 수밖에 없었다. 아는 변호사의 조력을 받기로 했다. 1988년 경부터 알고 지내던 고 노무현 대통령께 협조를 구했다. 당시 천정배 의원과 함께 '해마루합동법률사무소'를 운영할 때였다. 고맙게도 법원에 제출할 소장을 준비해 주었다.

이제 나 혼자 법과 정면으로 대면해야 한다. 법원에 서류 제출을 하러

가던 첫날, 절박한 마음에 법원 수위에게도 허리를 숙여 다소곳하게 인사했다. 지금은 많이 변했지만 법원 직원들이 어찌나 불친절한지 서류접수처를 찾는데만도 한참을 헤매야 했다.

재판이 있는 날 단정하게 옷을 차려입고 일찍 집을 나섰다. 재판 시작 30분 전에 도착하여 영화나 드라마에서만 보던 재판정에 들어섰다. 판사라는 양반도 그날 처음 봤다. 처음 보는 것, 처음 듣는 말 천지였다. 한국 사람인데 한국말을 알아듣기가 힘들었다.

말귀를 못 알아듣는 내가 답답한 듯 판사가 물었다. "왜 변호사 수임 안 하세요?" 아무 대답도 하지 않고 가만히 서 있었다. 돈 없다는 것을 동네방네 알리고 싶지 않았다. 돈은 없어도 자존심은 퍼렇게 살아 있었다. 피고는 세금 재판만 전문으로 하는 세무서 직원으로 세법 전문가인데 원고인 나는 아무 것도 모르는 채 재판에 임하고 있었다.

재판이 진행되면서 점차 귀가 뚫리기 시작했다. 일부러 일찍 가서 다른 사람의 재판을 많이 지켜보았는데 차츰 법률용어가 귀에 들어오기 시작했다. 재판정에 일찍 가도 변호사가 수임된 재판이 모두 끝나야 나를 불렀다. 남의 재판을 많이 지켜보면서 재판 하는 요령도 알게 되었다. 재판이 없는 날은 법을 공부했는데 재미가 있었다.

재판에서 이기려면 서류가 중요하다는 것도 알게 되었다. 민사재판은 서류로 말한다. 서류를 준비하는 과정에서 결국 옛날 나의 성격이 나오고 말았다. 구청 여직원에게 공손하고 간절한 마음으로 서류에 관한 질문을 했건만 그 직원은 통명스럽기 그지없었다. 심지어 경멸하는 듯한 눈빛으로 나를 외면하는 것이었다. 내 목소리가 기어들어 갈수록 여직원의 목소리는 더욱 딱딱해졌다.

치밀어 오르는 화를 꾹꾹 눌러 참다가 결국 무시하는 태도로 사람을 대하는 여직원에게 소리를 지르고야 말았다. "야, 똑바로 대답해! 나 너 월급 주는 사람이야."아무것도 모르는 아줌마인 줄 알았는데 갑자기 소리를 지르자 여직원이 당황했다. 고삐를 늦추지 않고 "너 이따위로 굴면 네 밥줄 끊어버린다"고 윽박질렀다. 그제야 여직원의 태도가 고분고분해졌다.

내가 그렇게 화를 낸 이유는 공손할수록 '아무 것도 모르는 아줌마' 또는 '아무 일도 안 하는 아줌마'취급을 하며 무시하기 때문이었다. 항의를 하고 소리를 지르지 않고는 제대로 챙겨 받을 수 없었다.

재판을 받으러 다니면서 법을 자신들의 소유물로 생각하여 마음대로 해석하고 국민을 귀찮은 바퀴벌레처럼 취급하는 이들을 많이 보았다. 시민을 무시하면서 이리가라 저리가라 지시하고, 죄인 다루듯 윽박지르는 이들도 많았다. 그 일을 겪으면서 남은 평생 저들과 싸우겠노라고 다짐했다.

요즘도 관공서에 갈 때면 불친절하고 고압적인 공무원은 그냥 지나치지 않는다. 아예 관공서로 가기 전에 '깡패 준비운동'을 하고 간다. 사람들은 어떻게 나 같은 푼수가 깡패로 변할 수 있느냐고 의아해 한다. 사실 남의 눈을 의식하지 않고, 하고 싶은 말 다 한다는 점에서 푼수와 깡패는 묘하게 닮아 있다. 어찌 보면 내가 푼수였기에 깡패가 되는 일이 쉬웠는지도 모른다.

내가 고상한 여자였다면 의견 표출도 못하고 조용히 살았을 것이다. 부과된 세금 8,500만 원도 눈물을 흘리며 국가에 갖다 바쳤을 것이다. 하지만 깡패가 된 덕분에 돈도 되찾고 강인해졌다.

사실 재판에 이겼다고는 하나 어떤 의미에서는 상처뿐인 영광이었다. 억울하게 세금을 부과했던 세무서는 '아니면 말고' 식이었다. 재판을 하느라 3년여를 고생한 나에게 남은 것은 거의 없었다. 이 억울함을 안고 세상을 시끄럽고 복잡하게 살고 있다.

이런 경험들을 통해서 내가 얻은 교훈은 지식과 돈이 아닌, 상식과 용기가 중요하다는 것이다. 싸울 건 싸우고 홍보할 건 홍보면서, 더러는 창피해 하고 더러는 자랑스러워하면서 살아나간다. 남보다 많이 배운 척, 가진 척 할 필요가 없으니 속이 편하다.

재판을 하면서 변호사도 철저한 장사꾼이라는 사실을 알게 되었다. 의뢰인들의 서류를 옆구리에 한 뭉텅이씩 끼고 다니면서 자신이 피고의 의뢰인인지 원고의 의뢰인인지도 헷갈리는 변호사가 있다. 그러니 재판에 지는 일은 비일비재하다. 가장 웃기는 건 성공보수라는 제도다. 재판에 지면 그만이고, 이기면 성공보수라니!

만일 내가 변호사를 수임했더라면 오히려 재판에 졌을지도 모른다. 내가 잘나서 승소한 게 아니라 절실했기 때문에 이긴 것이다. 변호사를 선임했다면 서류를 나만큼 꼼꼼하게 챙기지 않았을 수도 있다.

변호사에게 재판을 맡기더라도 반드시 재판기일에 참석하라고 조언하고 싶다. 재판에 필요한 서류를 의뢰인이 직접 준비해서 변호사에게 건네야 한다. 변호사는 의뢰인이 돈 주고 고용한 사람이다. 재판을 제대로 진행하지 않으면 이의를 제기해야 한다.

재판 과정에서 피고인 세무서 직원이 나에게 면담을 요청한 적이 있다. 법에 무지한 나를 회유하려는 의도 같았다. 절대 응하지 않았다. 진실이 이길 것이라는 믿음이 있었기 때문이다. 만약 변호사를 수임했다면 뒷거

래가 있었을지도 모를 일이다. 실력 있고 양심적이며 인도적인 변호사도 있겠지만 그렇지 않은 변호사들도 있다.

내 재판은 내가 챙겨야 한다는 게 재판을 직접 하면서 얻은 교훈이다. 법에 대해 아무 것도 모르는 아줌마의 말을 귀담아 들어준 담당 판사는 대법관을 지낸 이용우 변호사다.

시민운동꾼이 되다

재판을 한번 해 보니 더 이상 재판이 무섭지 않다. 재판 좋아해도 집안 망하지 않고 똘망똘망한 시민으로 거듭난다는 신념이 생겼다. 그래서인지 재판 할 일이 또 생겼다. '나 홀로 재판'을 하더라도 변호사 자문이 필요한 부분이 있다. 자문변호사를 수소문하던 중 남편의 지인으로부터 현재 서울시장인 박원순 변호사를 소개받았다. 그는 흔쾌하게 도움을 주겠다고 했다.

당시 박원순 시장은 참여연대 사무처장으로 재직하고 있었다. 몇 번의 자문 과정을 통해 박 시장이 나에게 참여연대에서 함께 일하자고 제안했다. 당시 나는 시민운동에 대해 잘 몰랐다. 다만 재판에 도움을 주겠다고 하여 빚 갚는 마음으로 그렇게 하겠다고 가볍게 답했다. 마침 사업에 실패한 뒤라 딱히 하는 일도 없을 때였다.

1997년, 용산역 앞 참여연대 사무실로 출근하기 시작했다. 조직생활이라고는 대한항공 근무가 전부여서 조금 긴장되었다. 항공사 근무는 주어진 매뉴얼대로 근무하면 된다. 장황한 회의 같은 건 없다. 그런데 참여연대는 회의로 시작해서 회의로 끝난다고 해도 과언이 아니었다.

두세 시간씩 회의를 하고 나도 내용을 이해하기 힘들었다. '나는 왜 이리 머리가 나쁠까?' 자책과 회의를 하다가 사실은 참석자들이 별다른 내용도 없이 수식어를 붙여 배배 꼬는 바람에 머리가 아픈 것이라는 생각이 들었다.

내가 참여연대에서 근무를 시작할 때는 상근자 봉급이 제대로 지급되지 못할 때였다. 사무처장인 박 시장이 기금 마련을 하기 위해 '유명인사 애장품 전시 및 판매전'을 열자는 아이디어를 냈다. 박 시장이 유명인사에게 협조를 구하고 나는 이를 수집하고 정리해서 판매 전략을 세웠다. 모금 목표가 3,000만 원이었는데 무려 2억 7,000여만 원의 후원금이 들어왔다.

당시 내 직책은 문화사업국장이었다. 문화라는 가면을 쓴 앵벌이 부서 책임자였던 셈이다. 박시장이 장사꾼인 나를 섭외한 이유를 알 것 같았다. 어쨌든 첫 번째 사업을 비교적 성공적으로 마무리했다. 일 년 정도의 운영비가 마련되었기 때문이다. 어느 정도 조직을 파악하고 적응되었을 즈음 나는 참여연대 활동 방향에 문제를 제기했다. 오랜 시간에 걸친 민주화운동의 전리품을 자신들의 전유물로 생각한다는 생각이 들었기 때문이다.

노동운동은 노동자가 노예 취급을 받는 것에 분노한 전태일 열사가 자신의 몸을 던짐으로써 발화되었다. 그 숭고한 정신이 제대로 계승되고 있는지 돌아볼 필요가 있다는 게 나의 생각이다. 최근에는 노동운동이 도리어 경제발전의 걸림돌이라는 자성의 목소리도 적지 않다.

노동운동과 민주화운동을 생명처럼 여기는 그들의 폐부를 찌르는 돌직구를 날린 셈이었으니 더 이상 나를 두고 보기가 힘들었을 것이다. 박시장이 참여연대의 '작은권리찾기운동' 파트의 자원봉사 활동을 제안했다. 이는 표시나지 않게 슬며시 해고하려는 절차에 불과했다.

물론 참여연대는 노동운동과 민주화운동 분야에서 매우 중대한 성과를 이뤄 낸 곳이다. 인격적으로나 능력 면에서 훌륭한 분들이 많은 것도 사실이다. 그럼에도 나는 참여연대에서 해고되는 과정을 통해 정치 혹은 사회적 문제를 넘어선 제 3의 시민운동의 필요성을 절감했다.

내가 몸담고 있는 아.나.기(아줌마는 나라의 기둥)도 NGO 단체이지만 사회적 문제를 제기하는 일은 가능한 한 지양하고 있다. 사회나 국가권력을 감시하는 활동보다 사회를 위해서 무슨 일을 할 것인가 고민하는 것이 미래지향적 시민운동이라는 생각에서다.

대한민국의 일부 시민운동은 네거티브(부정적) 활동에 집중되어 있다. 부정적인 생각은 사회발전에 도움이 되지 않을 뿐더러 사회 갈등을 유발할 위험성이 있다. 국민들의 호응을 받기도 힘들다.

우리나라 사람들의 특징은 결이 곱다는 점에 있다. 전쟁을 싫어하기 때문에 침략만 받은 민족이다. 이러한 국민들의 지지를 받으려면 비판 중심의 활동보다는 포지티브(긍정적) 대안을 제시하는 시민운동으로 전환되어야 한다.

대한민국에서 보수와 진보가 대결구도를 보이고 있다지만 진정한 보수와 진보를 찾기는 힘들다. 이념을 강하게 주장하는 사람들은 자신들의 밥그릇을 챙기기 위해 국민을 속이느라 바쁘다.

예를 들어보자. 통일은 적극 지지하지만 여성의 흡연을 반대하는 사람이라면 그는 보수인가, 진보인가? 진보 측 지지자도 통일을 반대할 수 있고, 보수 측 지지자도 통일을 찬성할 수 있다. 경상도 사람도 김대중 대통령을 지지할 수 있고, 전라도 사람도 김대중 대통령을 반대할 수 있다.

진보와 보수의 기준이 과연 무엇인가? 권력을 탐하는 사람들이 이글거리는 권력욕으로 진보와 보수를 가르고 싸우는 일로 국민을 혼란스럽게 하면 안 된다. 지구촌을 위기로 몰아가는 종교전쟁이 보통 사람들에게 어떠한 이익을 주는가? 탐욕스러운 종교 지도자들의 영욕을 채우기 위한 싸움질에 불과하다. 이로 인한 피해는 실로 어마어마하다.

국민을 자신들의 욕심을 채우는 도구로 이용하는 것은 죄악이다. 진보와 보수로 나뉘어 싸울 것이 아니라 나쁜 세력들과 맞서야 한다. 특정 정파를 지지하는 시민운동은 생명을 다한 것이나 마찬가지다. 시민운동이라는 허울 아래 자신들의 욕심을 채우는 변태적 정치 행위에 불과하다. 앞으로의 사회운동은 발전적 비전을 제시하는 제 3의 시민운동 패러다임을 중심으로 구축되어야 한다. 이것이 선진 문화한국의 미래를 담보하는 일이다.

죽는 그날까지 현장을 지키리라

우연한 기회에 시작한 일이지만 사회활동을 천직으로 여기고 있다. 이는 가족이나 주변에 대한 기대치를 낮추게 하고, 보람을 가득 안겨 준다. 기대치가 낮으니 실망도 적다. 남편과 아들, 며느리, 손자에게 껌딱지처럼 달라붙지 않아도 된다. 불행지수를 낮추는 효과가 있다.

사회운동은 자긍심도 갖게 한다. 나와 내 가족만 생각하는 옹색한 마음에서 탈출하여 국가와 사회 문제를 고민하고, 좋은 사회를 만들겠다는 의지도 생긴다. 사회를 폭 넓게 바라보는 과정에서 인지 능력도 향상된다. 무엇을 어떻게 해야 할지 앞이 보이기 시작한다. 문화인이라는 자부심도 크다.

나만의 확고한 세계관을 갖게 되어 남의 말에 휘둘리지 않는다. 남 탓하는 습관도 없어졌다. 나만의 마음 살림살이가 가능해졌다. 마음이 강건해지니 늙는 것이 두렵지 않다. 몸은 늙어도 마음은 늙지 않으니까. 나이 들수록 지혜가 번뜩인다.

나의 롤모델은 송해 선생님과 디자이너 노라노 선생님이다. 구순에도 현장에서 직접 뛰는 건강한 모습을 보면 나도 희망이 생긴다. 건강이 허락하는 날까지 현장을 지키고 싶다.

기자와 프로듀서는 현장 경험이 필요한 직종이다. 하지만 진급하면 현장을 떠나게 된다. 프로듀서는 창조적인 직종이다. 예술은 나이가 들수록 무르익는다. 그런 의미에서 원로 프로듀서가 현장을 떠난 자리에 신입들로만 채워지는 것은 안타까운 일이다. 여차하면 방송 프로그램이 좁은 시각을 갖게 될 수도 있다.

기자들의 취재 경험은 소중한 자산이다. 특히 기자는 전문성이 확보되어야 국민들에게 정확한 정보를 전할 수 있다. 기자는 현장에 있을 때 가장 빛나는 직업이다. 진급은 하되 현장을 떠나지 않는 원로 현장기자를 보고 싶다.

일본 최고의 택시회사 MK는 1,000대의 택시로 연 매출 5,000억 원을 올린다. 이 회사는 재일교포 유봉식·유태식 형제가 설립했다. 크게 성공한 회사임에도 유봉식 회장이 출근해서 가장 먼저 하는 일은 화장실 청소다.

현장을 중시하는 유 회장의 현장 중심 경영이 봉사정신 투철한 택시회사로 성장시켰다. 나 또한 아름다운 세상을 만드는 일에 자그마한 흔적이라도 남기고자 현장을 떠나지 않는 머슴 대표로 남고 싶다.

아줌마가 일해야 다 함께 행복하다

이제 아줌마들에게는 넘쳐나는 시간이 문제가 된다. 남는 시간에 비교놀음 하면서 불행을 키워간다. 아줌마가 행복하지 않으니 집안이 편하지 않고, 집안이 불편하니 사회가 모두 피곤하다. 아줌마들의 삶의 패러다임이 달라져야 한다.

아줌마가 일해야 다 함께 행복하다

일을 통해 존재의 가치를 찾는다

　100년쯤 전의 아줌마들은 가정의 테두리 안에만 머물러 있어야 했다. 우선은 여성을 억압하는 사회적 제도 때문이요, 다음으로 한도 끝도 없는 집안일 때문이었다. 물 길어오고 불 피우면서 삼시 세 끼 밥 차리는 데만도 예닐곱 시간은 후딱 지나간다. 빨래하고 소 여물까지 끓이려면 바느질은 한밤중에 호롱불 밑에서 해야 한다.

　몸이 바쁘고 고달프니 힘들다는 생각을 할 새도 없었음직하다. 부자 아낙이나 가난한 아낙이나 먹는 것, 입는 것만 다를 뿐 사는 모습은 엇비슷했다. 그러나 시대가 달라졌다. 이제 아줌마들에게는 넘쳐나는 시간이 문제가 된다. 빈부 격차가 커지니 남는 시간에 비교놀음 하면서 불행을 키워간다. 밖에서 일하는 아줌마들은 남자들 못지않게 힘든 일을 하는 것 같은데 벌이는 절반도 안 될 만큼 시원치 않다.

잘 살아서 집에서 놀고 먹는 아줌마는 식충이가 된 기분이고, 맞벌이 해야만 살 수 있는 아줌마는 일벌레가 된 것만 같다. 이래서는 편안할 사람이 없다. 아줌마가 행복하지 않으니 집안이 편하지 않고, 집안이 불편하니 사회가 모두 피곤하다. 이제 아줌마들의 삶의 패러다임이 달라져야 한다.

사랑하는 남자를 만나 결혼하고 아이를 낳아 키우면서 열심히 살았다. 정말 수고했다. 그런데 그 다음엔? 그게 문제다. 한때 무엇보다 소중한 삶의 의미였던 남편도 자녀들도 더 이상 아줌마를 필요로 하지 않는다. 이제 스스로의 존재를 드러낼 수 있는, 존재의 가치를 확인할 수 있는 독자적인 무엇이 필요하다. 바로 아줌마의 장점을 극대화할 수 있는 일을 통해 스스로의 가치를 찾는 일이다.

한국의 아줌마

우리나라의 아줌마들만큼 한 사회에서 막대한 영향력을 지닌 집단도 드물 것 같다. 그럼에도 '아줌마'라는 호칭을 좋아하는 사람은 그리 많지 않다.

사회적으로 아줌마는 전업주부를 의미한다. 결혼과 함께 자신의 이름은 사라지고 누구의 아내, 누구의 엄마, 어느 집 며느리가 된 사람들이 아줌마다. 그나마 다행인 것은 미국과 달리 자신의 성씨를 유지하는 일이다.

아줌마의 사전적 의미는 '어버이 항렬의 결혼한 여성'이다. 어머니를 엄마로 부르듯 아줌마는 아주머니를 정겹게 부르는 말이다. 구전에 의하면 아주머니는 아기주머니를 가진 사람, 즉 여성을 뜻한다고 한다. 결혼한 여성을 '아줌마'로 구별해서 부르는 것은 새 생명을 출산할 수 있는 신분으로 구별하는 것이다.

'씨받이'라는 영화의 제목에서 보듯이 여성의 가장 중요한 소임은 아이를 낳는 일이었다. 농경사회나 초기 산업사회의 여성들은 아이를 낳고 집안일을 하는 것이 중요한 의무였다. 그러다 보니 아이를 열 명 이상 출산하는 어머니들도 적지 않았다.

여성이 인류의 역사를 이어가는 장본인이라는 점에서 나는 자부심을 갖는다. 아이를 출산하고 양육하는 일이 너무 어렵고 힘든 일이기에 더욱 그러하다. '여성은 약하지만 어머니는 강하다'는 말도 있지 않은가. 그런 의미에서 아줌마라는 단어에도 자긍심을 갖는다. 한 아이의 엄마이기 이전에 인류 역사의 중심에 서 있다는 것은 자랑스러운 일이다.

하지만 나는 여자가 아이 낳고 집안 일에만 매달리는 것에 반대한다. 아이를 훌륭하게 키우는 어머니이기 이전에 자존감을 가진 훌륭한 사회인이어야 하기 때문이다. 한국의 어머니는 자녀에게 절대적인 영향을 미치는 존재다.

요즘 젊은이들은 사회 적응에 어려움을 겪는다. '왕따' '혼술' '혼밥족'이라는 신조어가 생겨난 것은 아이들이 사회에 제대로 적응하지 못한다는 의미다. 사회성이 제대로 길러지지 않아서 생긴 문제다. 이 책임을 어머니들에게 묻지 않을 수 없다. '네가 최고여야 한다' '너만 잘하면 된다'는 식의 교육은 독불장군을 양산한다. 주변 사람을 경쟁자로만 인식하니 화합하지 못한다.

물론 청년들의 앞뒤좌우를 둘러싸고 있는 환경이 그들에게 스트레스를 주고 있는 것은 사실이다. OECD 국가 중에서 대한민국 청소년들의 자살률이 상위권인 것은 이러한 환경과 무관하지 않다. 어머니의 사회성 부재 문제를 고민해야 할 때다.

인간은 사회를 떠나서 살 수 없다. 사회에 잘 적응하려면 사회에서 필요한 사람이 되어야 한다. 사회가 필요로 하는 사람은 내 것을 아낌없이 내어 줄 수 있는 사람이어야 한다. 하지만 요즘 젊은이들의 행태는 어떠한가.

지나친 기대감과 과잉보호가 자녀들의 사회성을 약화시킨다는 점에서 어머니들의 사회성 강화는 대단히 중요하다. 아줌마의 사회성 강화는 사회 참여를 통해서 형성된다. 이는 또한 아줌마 정체성 확립에도 도움이 된다. 사회참여 방법은 경제 활동과 시민사회 활동, 종교 활동으로 나눌 수 있다.

우선 경제 활동에 대해 얘기해 보자. 경제 활동은 국민의 4대 의무 가운데 하나다. '돈이 길이요 생명'인 시대다. 하지만 결혼과 함께 일을 중단하고 전업주부로 살아가야 하는 경력단절여성(경단녀)들이 적지 않다. 분초 단위로 바뀌는 현대사회에서 경력이 단절되면 다시 사회로 돌아가기가 힘들어진다. 아줌마 운동으로 시작해 '할줌마'가 된 선배로서 경단녀들의 사회 진출에 대해 이야기 해 보고자 한다.

왜 아줌마 일자리플랫폼인가?

왜 아줌마 일자리플랫폼인가? 이 주제를 논하고자 이 책을 펴내게 되었다. 일은 인간의 삶을 유지하는 도구이자 존재 가치를 확인하는 수단이다. 출세도, 돈 버는 것도 모두 일을 통해서 이루어진다.

경단녀와 베이비부머가 일자리를 다시 구하는 것은 돌아가신 부모님이 살아오는 것만큼이나 어렵다. 그처럼 힘들다면 스스로 일자리를 만드는 수밖에 없지 않겠는가. 소비자인 아줌마가 생산자로 나서자는 뜻이다.

나는 30년 전에 이미 '앞으로 내 인생을 남에게 맡기지 않겠다'고 결심한 바 있다. 여성의류 제조업을 하면서 유명 백화점 수수료매장에 입점한 적이 있다. 백화점 수수료매장 장사를 하려면 자존심은 접어 두어야 한다. 매장을 이리저리 쫓겨 다니는 것은 기본이고 옷의 기본도 모르는 담당자들의 트집을 감내해야 한다.

옷이 출고되기 전에 백화점 검품을 받아야 하는데 배색이 어색하다는 등의 이유를 들어 퇴짜 놓기 일쑤였다. 배색은 디자이너의 고유 영역인데 말이다. 그때 앞으로 내 인생에 '삯바느질'은 없다고 다짐했다. 그 마음은 지금도 유효하다. 나를 채용해 줄 회사를 목 빠지게 기다리는 것보다 스스로 일자리를 만들어야 한다는 생각을 하게 된 것도 이와 무관하지 않다.

'아줌마는 나라의 기둥'이라는 단체를 시작할 때 나는 극빈자 상태였다. 사업에 망해서 살던 집도 팔았을 때였다. 일 가구 일 주택임에도 인정과세로 양도세 8,500만 원을 부과 받았고 억울한 세금을 내지 않기 위해서 나 홀로 소송을 해야 했다.

재판을 하면서 세상 보는 눈이 변했다. 나처럼 억울한 일을 당한 사람들이 적지 않을 것이라는 생각에 공분이 생겼다. 이것이 시민운동을 운명처럼 받아들인 결정적인 동기다.

나 같은 사람이 없기를 바라는 마음에서 나의 억울한 사연을 세상에 알리고 싶었다. 그래서 낸 책이 〈아줌마는 나라의 기둥〉이다. 책이 언론에 회자되면서 전국의 아줌마들이 나에게 연락해 왔고 소송 상담이 이뤄졌다. 그때 모인 사람들과 만든 단체가 '아줌마는 나라의 기둥'이다.

갑자기 일이 진행되어 당황했다. 사무실이 없어 일 년 동안 찻집을 전전하면서 모임을 가졌다. 우리의 상황을 언론에서 접한 걸스카우트 조선형 총재께서 걸스카우트 강당을 내 주었고, 김동호 부산국제영화제 이사장께서도 음으로 양으로 도움을 주었다. 그 이후로도 7년 정도 지인들의 사무실에서 더부살이를 했다. 2002년 한일월드컵대회 때는 삼성전자의 후원으로 케이비앤비(anagi k-bnb: 홈스테이) 활동을 무난하게 마칠 수 있었다.

아.나.기의 자체 활동을 할 때는 기부금이나 기업의 협찬을 받는다. 정부에서 실시하는 NGO 지원 사업에 응모하여 선정되면 주어진 주제 중심의 활동을 한다. 아.나.기는 자원봉사자가 모여 일하는 만큼 회비를 받지 않는다. 사실 시민운동에 대한 이해도가 높지 않아 회비 받기가 쉽지 않다. 어려운 여건 속에서도 아.나.기 활동을 18년간 이끌어 온 것은 오롯이 아줌마 정신과 보람 덕분이다.

나는 배경도 권력도 학맥도 없으니 오직 실력으로만 승부하리라 다짐했다. 아줌마의 행복이란 무엇일까 곰곰이 생각하다 보면 새로운 아이디어가 떠오르곤 했다. 아.나.기는 언론이 끌어 온 단체라 해도 과언이 아니다. 활동 내용을 정리해서 보내면 대부분의 경우 보도가 되었다. 기자에게 따로 부탁한 것도 아니다. 고심 끝에 내놓은 활동 주제들을 기자들이 공감해 준 덕택이다.

그간 보도된 내용 가운데 가정에서 설 자리를 잃어가는 남편들을 위한 '남편 기 살리기 운동'이 있다. 여러 신문에 보도되었고 정부에서도 공감했는지 사업으로 선정되었다.

아.나.기 활동을 지속적으로 펼치는 이유는 아줌마들에게 용기를 주기 위해서다. 돈도 없이, 시민운동에 대한 사전지식도 없이 아.나.기 활동을 시작했지만 지금은 어느 단체에도 밀리지 않을 만큼 경험이 축적되었다. 적지 않은 시간 동안 현장에서 머슴대표로 활동한 경험의 대가다.

처음에는 혼란도 있었지만 실패를 두려워하지 않고 달리다보니 얻은 것이 많다. 실패를 두려워하지 않는 용기는 힘이 센 자동차처럼 계속 앞으로 나아가게 한다.

하고 싶은 일과 잘하는 일

일을 시작하려면 치밀한 준비가 필요하다. 아.나.기 활동을 준비 없이 시작하다 보니 시행착오가 적지 않았다. 그래서 뭔가 시작하려는 이들에게 하고 싶은 이야기가 있다. 내가 무엇을 잘하는지, 무슨 일을 가장 하고 싶은지 이 두 가지 질문에 대한 답을 먼저 구하라는 것이다.

스스로 판단이 잘 서지 않는다면 가족이나 친지에게 물어보라. 자신의 재능을 객관적으로 판단하기란 쉽지 않다. 어쩌면 바쁘게 사느라 재능을 잊고 살았기 때문일 것이다. 다른 사람의 의견이 자신의 생각과 크게 다르지 않다면 그것이 바로 당신이 가장 잘하는 일이다.

다음은 경력이 단절된 원인을 살펴봐야 한다. 자신의 선택이었는지 주변 환경 탓이었는지 알아야 한다. 이 물음에 대한 답이 매우 중요하다. 가족 때문에 자신의 의지가 꺾였다는 생각은 별 도움이 되지 않는다. 남 탓 하는 부정적인 마음으로는 새 출발이 힘들기 때문이다. 반대로 모든 것이 내 책임이라고 생각한다면 사회에 적응할 마음의 준비가 된 것이다.

그 다음으로 중요한 것은 허드렛일부터, 작은 일부터 시작하겠다는 겸손한 마음이다. 자존심은 집에 두고 다니는 것이 좋다. 남들이 하기 싫은 험한 일을 솔선수범하겠다는 아름다운 봉사정신이 필요하다. 이와 함께 다른 사람을 먼저 생각하는 배려심이 필요하다. 그러면 어느 곳에서나 환영받는다.

어디서나 환영받는 사람은 일자리가 생기게 마련이다. 남의 일을 열심히 해 준 사람은 자신의 일을 시작할 때 반드시 성공한다. "천재는 열심히 일하는 사람을 이기기 어렵고, 열심히 일하는 사람은 즐기는 사람을 능가하지 못한다"는 말이 있지 않은가. 아줌마들을 만날 때마다 그들이 가진 능력에 감탄하게 된다. 넘치는 에너지가 사장되는 현실이 너무도 안타까워 아줌마 일자리플랫폼을 주창하게 되었다.

아.나.기 자원봉사자 가운데 봉사 정신이 유난히 뛰어난 분이 있었다. 내가 SOS를 치면 언제라도 달려온다. 능력이 뛰어난 데다 마음까지 고

와서 그 분을 내가 아는 회사에 소개했다. 그녀는 7년이 지난 지금까지 일을 잘하고 있다.

그간의 경험에 비추어 보면 사소하고 작은 일을 잘하는 사람이 큰일도 잘했다. 일 잘하는 사람의 특징은 자신보다 남을 먼저 배려한다는 것이다. 사회성 강한 사람의 특징이다. 정글 같은 사회에서 살아남으려면 참을성이 있어야 한다. 나도 일하는 동안 매 시간 자존심과 싸워야 했다. "두고 보자 언젠가는 내가 당신을 능가하리라!" 이러한 각오가 참을성을 키웠다.

일 잘하는 사람은 약속을 잘 지킨다. 약속은 곧 돈이다. 공동체 활동은 집안일보다 우선되어야 한다. 집안일은 언제라도 할 수 있지만 공동체의 일은 먹잇감을 놓고 늘 경쟁해야 하기 때문이다.

사회는 기다려 주지 않는다. 일을 뒤로 미루면 경쟁자가 바로 채 간다. 자신이 가장 잘하는 일과 하고 싶은 일을 찾아 일자리를 연결한다면 전국의 모든 아줌마들이 훌륭한 CEO로 거듭날 수 있을 것이다.

아, 나, 기 10주년 기념 행사 ┃

● ● ● ○ ● ● ● ● ●

40대 경단녀 일자리

일에 대한 고정관념을 개선해야 한다.
일자리에 대한 고전적 관념은 일자리
창출에 적지 않은 걸림돌이 되고 있다.
매일 직장으로 출근하지 않고도 일할
수 있는 일자리를 마련해서 여성들이
자녀 양육과 일을 병행할 수 있는 방법
을 강구해야 한다.

40대 경단녀 일자리

경단녀의 고민

40대는 우리 사회를 지탱하는 허리 역할을 맡고 있는 세대로 곳곳에서 가장 정력적으로 활동하는 시기이다. 하지만 유치원에서 사춘기까지의 어린 자녀를 둔 40대 여성들은 자녀들의 교육 문제로 인해 경제활동에 많은 어려움을 겪고 있다.

더구나 결혼 연령이 늦어지면서 40대 여성들의 자녀교육 문제는 국가 경제적인 측면에서도 여성 인력의 손실을 가져오는 원인으로 지적되고 있다. 따라서 기혼 여성들이 자녀교육과 일자리를 양립할 수 있는 길이 마련되어야 한다. 이는 개인뿐만 아니라 대한민국의 미래가 걸린 문제이기도 하다.

최근 각 기업에서 시행되고 있는 '시간 선택제 근무'나 '재택 근무'도

40대 주부들의 고민을 해소하기 위한 고육지책이다. 그러나 이러한 지원에도 불구하고 직장을 떠나 '경단녀(경력단절여성)'가 되는 기혼 여성이 적지 않다.

가족을 돌보는 문제로 이직한 여성들이 사회와 단절되지 않고 일을 계속할 수 있는 방법을 모색하는 데 정부와 국민 모두가 관심을 가져야 한다. 무엇보다 자녀를 키우기 위해 능력 있는 여성들이 경제활동을 포기하지 않도록 사회적 제도를 마련하는 것이 시급하다.

무엇보다 일에 대한 고정관념을 개선해야 한다. 일자리에 대한 고전적 관념은 일자리 창출에 적지 않은 걸림돌이 되고 있다. 사물인터넷 시대가 도래한 지금 '정해진 시간'에 '정해진 장소'에서 일을 해야 한다는 고정관념에서 벗어나야 한다. 매일 직장으로 출근하지 않고도 일할 수 있는 일자리를 마련해서 여성들이 자녀 양육과 일을 병행할 수 있는 방법을 강구해야 한다.

이러한 일이 과연 가능할까? 마음만 바꾸어 먹으면 얼마든지 가능하다. 화성에도 가는 세상인데 이런 문제를 해결하지 못한다면 국가의 존재 의미가 없다고 해도 과언이 아니다.

먼저 공직사회에서 혁신적인 변화가 일어나야 한다. 공직사회가 먼저 근무 환경을 바꾸면 일반 기업도 자연스럽게 바뀔 것이다. 미래학자들은 앞으로 정부의 역할이 대폭 축소되거나 무정부시대가 도래할 것이라고 예측한다. 그렇게 되면 공직이라는 일자리도 소멸해 버릴지 모른다.

정부 공직자들은 책상에 앉아서 주먹구구식으로 일자리를 창출하겠다는 철밥통 매너리즘에서 하루빨리 빠져 나와, 내 가족의 일자리를 만든다는 소명의식으로 일자리 창출에 임해야 한다. 봉급만 축내는 무능한 공무원이라는 지탄을 극복해야 한다.

당사자인 경단녀들도 '우는 아이 젖 준다'는 속담처럼, 여성가족부나 고용노동부 앞에서 '숫자놀음이 아닌 진정성 있는 일자리를 만들어 내라!'는 시위라도 벌여야 한다.

나는 경단녀들의 일자리 창출을 위한 정부 개혁은 불가능하다는 전제로 이 책을 쓰고 있다. 앞으로 기업의 고용창출은 기대하기 힘들다. 선거 때만 되면 정치인들은 경제 성장을 공약으로 내걸지만, 이 역시 실현되기 어렵다.

선진국 문턱에 있는 우리나라에 과거와 같은 고도의 경제성장을 구가하던 시절은 다시 오기 어렵다. 시장에서 장사하는 분들은 매년 "작년보다 경기가 좋지 않다"고 입을 모은다. 이러한 현상은 앞으로도 계속될 것이다.

선진국 경제가 저성장을 지속하는 이유를 생각해 보자. 먹을 만큼 먹어 보고, 여행 다닐 만큼 다니고, 옷도 입을 만큼 입다 보면 물질에 대한 욕망은 점점 줄어들게 되어 있다. 욕망과 호기심이 최고조에 이르렀을 때 소비심리도 최고조에 이른다. 무슨 일이든지 정점을 찍고 나면 쇠퇴하기 마련이다.

나만 해도 스튜어디스 시절에 어느 정도 외국 여행을 경험한 덕에 여행에 대한 관심이나 흥미가 별로 없는 편이다. 경제는 실물경제보다 심리경제가 더 중요하다고 한다. 마음이 지갑을 열게 하기 때문이다. 기업은 소비심리를 먹고 사는 집단이다. 소비가 줄면 기업은 당연히 위축된다.

우리나라가 개발도상국이었던 1970년대부터 1990년대 후반까지 두 자릿수 성장의 경제발전을 거듭했지만, 선진국 문턱에 들어서면서 최근

몇 년 동안 경제성장률은 3%대에 턱걸이 하고 있다. 중국도 이미 경제성장률이 하향곡선을 그리고 있다. 정부나 경제학자들은 표를 의식해서 이러한 현실을 국민 앞에 솔직하게 토로하지 못하고 있다. 하지만 앞으로 닥칠 어려운 시기에 대비해서 국민들에게 정신 무장을 당부하는 것이 정직한 태도일 것이다.

마이너스 경제성장 시대에 40대 경단녀들이 할 수 있는 일자리를 생각해 보자. '인공지능이 젊은 남성들의 일자리도 빼앗아 가는 시대에 과연 40대 기혼 여성이 다시 일할 수 있을까?'하는 회의가 드는 사람도 적지 않을 것이다.

그러나 같은 일이라면 인공지능이 훨씬 잘하지만 매번 다른 일은 사람이 더 잘해 낼 수 있다. 거기에 여성 특유의 섬세함과 더불어 세월을 견뎌 온 아줌마의 깡과 경험이 있다면 새로운 일자리는 얼마든지 만들어 낼 수 있다. 이러한 관점에서 무슨 일을 할 것인지 함께 고민해 보기로 하자.

착한 결혼 코치

"결혼을 하는 것은 경험 부족 때문이고, 이혼을 하는 것은 이해심 부족 때문이며, 재혼을 하는 것은 기억력 부족 때문이다."

이는 중국 속담으로 내가 2004년에 '결혼 대 사기극'이라는 저서에서

인용한 문구다. 나의 경험에 의하면 결혼은 욕심이라는 무기를 들고 전쟁터로 뛰어드는 위험한 일이다. 결혼 후 사기를 당했다고 가슴을 치는 것도 결혼생활이 전쟁터임을 모른 채 뛰어들었기 때문이다.

많은 여성들은 결혼을 정신적 안정과 경제적 풍요로움, 그리고 섹스 문제를 해결하기 위한 수단쯤으로 생각한다. 때문에 여성들의 사회 진출이 활발해진 현대에는 결혼을 필수가 아닌 선택으로 생각한다. 결혼은 하건 하지 않건 후회가 될 수 있지만, 적어도 내 경험에 비추어 본다면 조금은 '남는 장사'이다.

허리를 다쳐서 병석에 있던 때의 일이다. 빨리 나아야겠다는 생각에 허리에 좋다는 홍화씨를 지나치게 복용해서 변비가 생겨 버렸다. 관장을 해야만 했는데 아들이나 며느리에게는 도저히 부탁의 말이 나오지 않았지만 남편에게만은 스스럼없이 부탁할 수 있었다.

나이가 들수록 부부가 소중하다는 생각이 든다. 이러한 나의 생각을 실어서 결혼은 권하고 싶다. 다만 오랫동안 금슬 좋은 부부로 살아가기를 바라는 마음에서 '착한 결혼'을 권하고자 한다.

착한 결혼은 대략 네 가지 단계로 나누어서 생각해 볼 수 있다. 첫 번째는 만남의 과정이다. 나는 결혼정보회사에서 조건에 따라 결혼을 계급화하는 풍조에 반대한다. 결혼은 평생을 함께 할 배우자를 선택하는 일이다. 이러한 중대사를 조건을 따져서 만나는 것은 대단히 위험하다. 조건에 맞춘 결혼은 조건이 바뀌거나 상실되면 이혼해야 한다는 의미이기 때문이다.

결혼은 마음과 마음의 만남이어야 한다. 또한 결혼은 당사자만의 만남이 아니라 가정과 가정의 만남이기도 하다. 이를 위해서 기존 결혼

정보회사와는 차별화 된 중간자 역할이 필요하다. 양가의 조건을 따지기보다, 양가의 장단점을 드러내 놓고 편하게 소통하고 양가의 단점에 대한 이해를 먼저 구하는 것이 중요하다. 이를 위한 '착한 결혼 코치'역할이 필요하다. 이 과정이 원만하게 합의되어야 결혼생활이 오랫동안 편안하게 지속될 수 있기 때문이다.

두 번째, 결혼이 결정되면 결혼준비교육을 받아야 한다. '부부자격교육'과 '부모자격교육'이다. '부부자격교육'은 결혼생활에서 배우자를 이해하는 마음을 갖기 위한 인성교육이다. 배우자에 대한 이해 부족으로 이혼하는 경우가 많기 때문이다. 교육에는 양가 부모님도 함께 참여하는 것이 좋다. 가족 상담을 해 보면 양가 어머니들의 성화에 못 이겨 이혼하는 부부들이 적지 않기 때문이다.

결혼을 하면 자연스럽게 부모가 되는데 이를 위한 준비 교육이 '부모자격교육'이다. 이 교육을 통해 출산에 대한 두려움을 완화하고 자녀교육에 대한 자질을 갖추어야 한다. 자녀를 낳아서 잘 키우는 일은 가정과 국가를 위한 평생적금을 드는 일과 같다.

세 번째 '착한 결혼식'이다. 착한 결혼식은 작은 결혼식과 다소 개념이 다르다. 작은 결혼식이 규모에 초점을 맞춘 것이라면 착한 결혼식은 결혼식의 내용을 챙기는 것이다.

주례를 예로 들어 보자. 요즘 젊은이들은 주례 없는 결혼식을 선호하지만 나는 주례가 필요하다고 생각한다. 오히려 주례 역할을 강화하는 것이 바람직하다. 결혼식을 웨딩드레스를 입고 사진을 찍는 이벤트쯤으로 생각하는 것은 위험하다.

나는 주례를 서기 전에 예비부부와 두 시간씩 세 번 정도 미팅을 하면서 부부수첩을 만들게 한다. 예비부부에게 각각 8촌 이내의 가족 이름과 직업을 적어 오게 해서 가족의 소중함을 일깨워 준다.

더불어 결혼식을 준비하는 과정에서 생긴 문제점이 무엇인지, 왜 결혼을 하는지, 왜 지금의 배우자를 선택했는지, 어떠한 배우자가 될 것인지, 어떠한 배우자를 원하는지, 자녀는 몇 명을 원하는지, 어떠한 부모가 될 것인지, 양가 부모님을 어떻게 봉양할 것인지, 양가 부모님께 원하는 것이 무엇인지 등을 소상하게 기록하도록 한다. 그리고 그 결과를 가지고 양가가 함께 모여서 대화를 나누도록 한다.

주례는 단순히 결혼식 당일 지루한 스피치를 늘어놓는 사람이 아니라, 경험이 없는 두 젊은이가 진지하게 결혼을 맞이할 수 있도록 준비시키는 역할을 해야 한다.

다음은 예물과 혼수 문제다. 이 문제로 이혼하는 커플들도 적지 않다. 양가 부모에게 예비교육을 통해 호화 혼수와 예물에 집착하지 않도록 이해시켜야 한다. 특히 신랑 어머니가 먼저 호화 혼수와 예물은 주지도 받지도 말자는 선언을 해야 한다.

네 번째로 결혼생활 중에 어려운 일이 있을 때마다 상담 받을 수 있는 시스템이 필요하다. 건강검진을 받는 것처럼 정기적인 상담을 받음으로써 부부 갈등을 예방해야 한다.

'착한 결혼 코치'는 위의 네 단계별로 전문 교육을 수료한 후, 젊은이들이 행복한 결혼생활을 할 수 있도록 돕는 일자리다. 결혼 생활의 가장 큰 위기는 결혼 5~10년을 전후로 찾아온다. 이 시기를 잘 넘긴 40대 기혼 여성의 인생 경험을 녹여서 '착한 결혼 코치'를 활성화한다면 대한민국 결혼 문화가 획기적으로 바뀔 것이다.

김용숙 대표 착한 결혼 강의 |

숲속유치원 보육 부모

어려서부터 할머니의 손을 잡고 절에 다녀서인지 자연스럽게 불교 신자가 되었다. 절에 갈 때마다 한국의 전통문화는 불교를 빼 놓고는 설명하기 힘들다는 생각이 든다. 그런 의미에서 한국 불교는 종교라기보다 문화적인 차원에서 접근하는 편이 바람직하다.

요즈음 활성화되고 있는 템플스테이가 좋은 예라고 할 수 있다. 템플스테이는 종교적인 차원을 넘어 국민들의 스트레스 해소와 멘탈 강화를 위한 문화프로그램으로 자리를 잡아가고 있다.

여기서 한 가지 자화자찬을 하자면 내가 바로 템플스테이의 최초 제 안자라는 점이다. 2002년 한일월드컵을 계기로 anagi k-bnb와 사찰 문화체험을 공유할 것을 조계종에 제안한 것이 템플스테이의 시작이 되 었던 것이다.

전통문화를 홍보하는 데 사찰문화 체험만큼 효율적인 것은 없다. 더 구나 사찰은 고즈넉하고 풍경 좋은 자연 속에 위치하고 있기 때문에 원 하는 사람 누구에게나 문턱을 낮추고 개방하는 것이 바람직하나. 여기 서 사찰 공간을 보다 많은 사람들에게 개방하자는 차원에서 한 가지 제안을 추가하려 한다.

불교 사찰이 보유하고 있는 훌륭한 자연 자원을 어린이 교육에 활 용하는 방안이다. 이미 유럽에서 유아들의 전인교육을 위해 확산되고 있 는 '숲 유치원'을 모델로 한 '사찰 숲속유치원'을 제안하고 싶다.

불교계의 협조가 반드시 필요하다는 전제가 붙지만, 이 제안이 실현 된다면 한국 불교에 대한 부정적 이미지도 극복하고 청소년 불자 확보 에도 많은 도움이 될 것으로 확신한다.

인성은 10세 이전의 어린 나이에 형성된다. 인성 교육은 가장 인간답 게 살아가는 방법을 교육하는 것이다. 자연의 일부인 인간이 자연과 더 불어 살아가는 방법을 배우는 것도 인성교육의 중요한 부분을 차지한 다. 하지만 경제발전과 도시화가 급속하게 진행되면서 우리 자녀들은 자연과 단절된 인성교육을 받고 있다. 이것이 우리가 인간성 상실시대를 살아가는 원인이기도 하다.

이러한 문제를 해결하기 위한 방법으로 유럽에서 '숲 유치원'이 생겨

났다. 숲 유치원은 독일의 유아교육학자인 프리드리히 프뢰벨의 교육 사상에 따라 어린이들이 숫자나 글자 배우기에 앞서 자연에서 마음껏 뛰어놀게 하기 위해서 운영되는 유치원이다. 즉 교실에서 학습하기보다 교실 밖의 자연 속에서 흙과 나무, 벌레 등을 직접 만지고 체험하는, 자연 친화적인 유아교육 방법이다.

독일에서는 1993년 숲 유치원이 처음 생긴 이후 학부모와 사회단체, 지방자치단체 등의 후원으로 전국에 1,000여 곳의 숲 유치원이 있는 것으로 추정된다. 비용의 70%는 정부에서 부담하고 30%는 학부모가 부담한다.

우리나라의 많은 사찰들은 숲속유치원을 하기에 이미 적합한 조건을 갖추고 있다. '사찰 숲속유치원'은 자녀들과 며칠을 벼르고 별러서 가는 템플스테이의 일상화라고 이해하면 좋을 듯하다.

사찰 숲속유치원은 사찰의 수익 사업은 물론, 새로운 일자리 창출에도 기여할 수 있다. 불교 신자의 90% 이상이 아줌마들이다. 소속 종단이나 사찰에서 사찰 숲속유치원을 직영하게 된다면 이들이 숲속유치원 보육부모 자격 교육을 받아 활동할 기회가 생긴다.

숲속유치원은 기숙유치원과 일반유치원으로 구별해서 운영할 수 있다. 기숙유치원 원생들은 주 초에 숲속유치원으로 등원해서 기숙생활을 하다가 주말에 집으로 가고, 매일 등하원이 가능한 어린이는 일반유치원으로 지원하면 된다.

요즈음 자녀들의 과잉행동장애(ADHD) 때문에 고민하는 부모들이 적지 않은데, 사찰에서 직영하는 숲속유치원은 사찰문화의 특성상 자녀들의 정서 안정에도 많은 도움이 되리라 믿는다.

각 사찰의 신도회장이 주축이 되어서 주지스님과 협의하면 사업을 추진하는 데 큰 어려움이 없을 것으로 예상된다. 보다 효과적인 사업 진행을 위해 사찰 숲속유치원에 대한 정부의 많은 관심과 제도 정비가 필요할 것으로 생각된다.

급식 mom이 급식을 바꾼다

고른 영양섭취가 필요한 성장기 아이들에게 급식은 매우 중요한 문제다. 급식하는 학교가 많지 않던 시절, 맞벌이를 해야 했던 나에게 학교급식은 절이라도 하고 싶을 만큼 고마운 존재였다. 초등학교 취학 전에 편식이 심했던 아들이 급식을 하면서 어느 정도 편식 문제도 해소되었기 때문이다.

당시는 급식을 한다는 자체가 감지덕지한 일이었으므로 급식의 질이 논란의 대상이 되지는 않았다. 하지만 최근에는 대부분의 학교가 급식을 시행하면서 학교 급식이 돈벌이 대상이 되었고, 급식 기업화로 인해 불량급식이라는 새로운 사회문제가 등장했다. 건강하게 성장해야 할 청소년들의 불량급식 문제가 언론에 등장할 때마다 나 역시 사회의 일원으로서 일말의 책임을 느낀다.

불량급식 문제를 해결하기 위한 방법으로 학부모들이 직접 참여하는 학교운영위원회에서 급식을 직영하는 방안을 제안하고 싶다. 학교운영위원회는 학부모위원과 교사위원으로 구성되는 경우가 일반적이다.

학교운영위원회 내에 '급식자치위원회'를 별도로 구성하고 학생들도 참여시켜 그들의 의견을 적극 반영하면 좋을 것이다. 학교의 주인은 학생이다. 교육 소비의 중심인 학생이 급식 문제에 참여하는 것은 당연한 일이다. 학교와 학부모, 학생들이 급식 문제를 논의하면서 서로 원만하게 소통하는 기회도 갖게 될 것이다. 이는 운영위원회가 학교의 들러리라는 비판에서 벗어나는 계기가 될 수도 있다.

급식은 학생과 학부모 모두 '당사자'에 해당하기에 식자재 구입 과정에 부정이 끼어들 여지가 없다. 조리 과정에도 학부모들이 직접 참여하게 되면 위생과 영양 문제도 자연스럽게 해결할 수 있다. 어떤 부모라도 내 아이가 먹는 급식을 정성스럽게 마련할 것이라는 데에는 의심할 여지가 없기 때문이다.

학부모 입장에서는 새로운 일자리 창출 효과를 기대할 수 있으며, 사회적 기회 분배라는 관점에서도 좋은 결과를 거둘 수 있다. 학교 급식을 대기업에 위탁하는 경우가 많은데 이는 '있는 집에 금송아지가 들어가는 격'이라 하겠다. 학교 급식마저 대기업이 독식하는 체제는 빈부 격차를 줄여서 경제정의를 실현하는 데 도움이 되지 않는다.

학교별로 급식자치위원회가 급식을 직영할 경우, 재래시장이나 농촌과의 직거래가 가능하다. 이는 재래시장과 농촌을 살리는 동시에 중간 거래상의 배만 불리는 일을 차단하는 기회가 된다. 전국에 있는 대략 1만여 유치원과 초중고 학부모들이 학교 급식을 직영할 경우, 적어도 10만 개 이상의 학부모 일자리가 창출될 것으로 예상된다.

2015년 기준으로 전국의 유치원과 초중고생이 680만 명 정도로 추

산된다. 급식자치위원회가 식자재를 직접 구매할 때 일인당 한 끼에 500원 정도의 비용이 절약된다고 가정하면, 매 끼마다 34억 원 정도가 절약된다. 결국 한 달이면 700억 원, 일 년이면 8,000억 원에 이르는 식자재 구입비가 절약될 수 있다.

대기업에 의존하는 학교 급식 시스템을 바꾸는 일은 비용을 절감하는 측면뿐만 아니라, 자녀들에게 건강하고 안전한 급식을 제공한다는 면에서도 반드시 실현되어야 한다. 학교 급식 문제가 내 아이의 건강에 직결된 일임을 통감하고 전국의 학부모들이 팔 걷고 나서서 교육부 등 주관 부서를 설득해야 한다. 대한민국의 미래를 위해서 학부모의 손으로 급식혁명을 이루어야 할 때이다.

파티테이너는 에너자이저

1976년, 방콕에 처음 갔을 때의 일이다. 당시는 태국에 거주하는 교포가 그리 많지 않던 시절로, 외교관이나 상사주재원들이 교포사회의 주류를 이루고 있었다. 마침 한국에서 미스코리아 심사위원을 역임했고 나에게 여러 번 신랑감을 소개했던 사모님이 주재원 부인으로 방콕에 거주하고 있었다. 친절한 그녀는 방콕이 초행길인 나를 데리고 많이 알려지지 않은 태국의 명소를 안내해 주었다.

그중 한 곳이 실크전문점인 '짐 톰슨'이었다. 영국인 디자이너 짐 톰슨이 태국 실크로 만든 홈패션 명품 브랜드숍이다. 짐 톰슨의 홈패션 제품은 고풍스럽고 품격 있는 디자인으로 명성이 높다. 태국의 상징인 코끼리를 주제로 프린트한 액자용 머플러와 쿠션, 접시 받침, 냅킨 등이 세트로 구비되어 있었다. 나도 결혼 후에 파티용품으로 짐 톰슨 홈패션 세트를 구입한 적이 있다.

내가 파티를 꿈꾸던 1970년대는 너무 이른 감이 있었으나 지금은 파티 문화가 일반화 되었다. 특히 젊은 층은 파티를 누구나 쉽게 접하는 일상적인 이벤트로 인식한다. 요즘 큰돈을 들이지 않고도 파티의 품격을 높여 줄 수 있는 '파티테이너'라는 전문 직업에 대한 수요가 늘어나고 있다.

'파티테이너'는 '파티'와 '엔터테이너'의 합성어로, 내가 만든 용어이다. 파티 문화의 생활화는 소통부재의 시대를 살아가는 현대인들에게 탈출구가 될 수도 있고, 일상생활과 직장생활의 스트레스를 해소하는 기회가 될 수도 있다.

파티테이너가 되기 위해서는 파티 문화에 대한 이해와 다양한 아이디어가 필요하다. 파티 하면 먼저 생각나는 것이 의상이다. 파티 의상이라 해서 화려하거나 노출이 심할 필요는 없지만, 모임의 취지에 맞는 드레스 코드를 정하는 것이 좋다. 그러면 평소 주변의 눈치를 보느라 입지 못했던 과감한 의상을 입음으로써 기분을 전환할 수도 있다. T.P.O(때, 장소, 상황)에 맞게 옷을 갖추어 입는 습관은 엣지 있고 품격을 높이는 생활에 도움이 된다.

상차림과 식사 예절에 대한 매너도 습득해야 한다. 들꽃이나 길거리에서 주워 온 낙엽을 센스 있게 테이블 위에 디스플레이 하고, 개인 접시를 세팅하여 식사에 편의를 제공하는 세심함이 필요하다.

음식 종류와 그릇 선택도 중요하다. 한국 음식은 붉은 색이 많으니 한식 상차림에서는 흰색 계열의 그릇을 선택하는 것이 좋다. 가족 행사나 친구 모임, 직장 상사 초청, 학부모 모임, 동아리 모임 등 파티 콘셉트에 따라 상차림을 다르게 하는 것도 파티테이너의 역할이다.

예절을 기본으로 하되 편안한 분위기를 연출할 수 있도록 파티를 유도하는 것은 파티테이너의 핵심 역할이다. 파티 준비에서 가장 중요한 것은 배려의 정신이다. 기왕이면 문자나 카톡보다는 직접 만든 초청장으로 정중한 마음을 전하는 것도 필요하다.

파티테이너는 출장서비스가 가능한 전문 일자리여서 확장성과 부가가치가 높은 직종이라 하겠다. 특히 잡담 수준으로 끝나는 학부모 모임을 자녀들과 함께 하는 인문학 파티로 만들어 보는 것도 좋은 아이디어다. 품격 있는 대화를 이끌어가는 것도 파티테이너의 역할이다. 파티를 단순히 먹고 마시는 유흥문화로 생각하기보다 격조 높은 살롱문화라는 인식으로 생활 속의 다양한 아이디어를 활용하는 게 좋다.

파티테이너는 콘셉트를 정하고 파티를 진행하는 모든 과정을 지원하는 전문 직종으로서, 서비스업에 종사한 경험이 있는 여성들에게 유리한 직업이다. 내가 고문으로 활동하고 있는 '대한항공여승무원동우회'는 전직 여승무원의 친목 단체인데 퇴직한 여승무원 역시 파티테이너로서 적합한 인물 중의 하나다.

마음독립상담 mom의 역할

KBS의 장수 프로그램인 '아침마당' 속 가족탐구 코너의 전문 패널로 1년 반 정도 고정 출연하면서 가족갈등 문제를 다룬 적이 있다. 그후 가족갈등으로 고민하는 시청자들이 시원한 돌직구 발언을 기대하면서 비전문가인 나에게 개인적으로 상담 요청을 해 왔다. 이들을 대상으로 300여 건에 달하는 상담을 진행하면서 자연스럽게 임상상담을 경험하게 되었다.

상담을 진행하면서 상담을 희망하는 사람들 대부분이 마음씨 고운 착한 사람이라는 사실에 화가 났다. 착한 사람들이 고통 받는 사회는 나쁜 사회이다. 나에게 새로운 사회적 책임이 생겨난 것이다. 상담자들이 처음 나를 찾아 왔을 때는 곧 죽을 것 같은 모습이었지만, 상담을 받고 2주쯤 지나 다시 내방했을 때는 얼굴 표정이 많이 변화되어 있었다.

전문적으로 상담학을 공부하지 않았음에도 불구하고 나를 찾아 온 많은 사람들에게 긍정적인 효과가 나타난 것은, 상담자 스스로가 자신의 마음을 돌보도록 유도했기 때문이다. 나는 이를 '마음독립상담'이라고 명명했다.

마음독립상담의 핵심은 자신의 아픔을 겉으로 드러내는 일이다. 즉 자신이 가지고 있는 문제를 밖으로 드러내서 공식화하는 것이다. 일반적으로 마음의 고통을 가진 사람은 유독 자신만 불행하다고 생각하는 경향이 있다. 고통은 숨기면 숨길수록 더욱 가중된다. 그럼에도 불구하고 자신의 아픔을 터놓고 얘기할 수 있는 용기 있는 사람은 그다지 많지 않다.

나는 그들의 이야기를 듣고 아픔의 정도에 따라서 두세 번 더 상담을 한 후, 비슷한 환경의 상담자들을 5~10명 단위로 함께 모이게 했다. 함께 모인 자리에서 자신들의 문제를 얘기하도록 분위기를 만들었다.

생면부지의 사람들 앞에서 서로 주저할 것이 염려되었기 때문에 가장 용기 있는 사람을 첫 발언자로 정했다. 첫 발언자가 이야기를 마치자 다음, 그 다음 주자들도 자신들의 아픔을 어렵지 않게 풀어내기 시작했다. 서로의 아픔을 겉으로 드러내니 짧은 시간 내에 아픔이라는 공통분모가 생겼다. 그러면시 서로 위로를 주고 받는 사이가 되었다.

참석자들은 이러한 경험을 통해서 아픔의 50% 정도는 치유되는 것 같다고 했다. 절반의 성공이다. 이 과정에서 나는 진행만 했을 뿐, 별다른 역할을 하지 않았다. 나는 이 경험을 기반으로 상담의 새로운 영역을 개척해 보기로 했다. 아픔을 경험하고 스스로 치유한 사람을 중심으로 '마음독립상담 mom'이라는 새로운 직업을 만들어 보는 것이다.

우리 사회에는 마음에 고통을 안고 살아가는 사람들이 많다. 하지만 이를 제대로 해결할 수 있는 사회적인 프로그램은 의외로 빈약하다. 무슨 일이든지 경험자가 훨씬 잘할 수 있다. 아픔을 경험한 사람일수록 타인의 아픔을 공감하는 능력이 크다.

아픔을 딛고 일어선 사람들을 교육해서 상담 분야의 새로운 일자리를 창출한다면 마음의 고통에 시달리고 있는 사람들에게 도움이 될 것 같다. 마음의 병은 마음으로 치유해야 한다는 확신이 생겼기 때문이다.

마음독립상담 mom의 양성 과정

■ 교육과정

– 서양 상담학《NLP/신경언어학 프로그래밍 (Neuro-Linguistic Programming)》

– 주역(周易) : 내가 누구인가? 라는 근본 연구

– 마음 드러내기 카드 교육

– 명상 교육

■ 통찰치유 실습

– 그룹치유 실습

– 마음 드러내기 과정

– 스스로 치유하기 과정

– 마음 글쓰기

■ 마음독립상담 mom 교육 결과 보고서 제출

– 교육과정 내용과 통찰치유 실습에 대한 리포트 제출

■ 마음독립상담 mom 일자리 회원 인증

– 교육 과정 내용과 통찰치유 실습 리포트 심사 결과에 따른 인증

■ 일자리플랫폼 회원 등록

– 일자리플랫폼 마음독립상담 mom으로 활동 자격 부여

음양오행 자녀교육 코치

　나는 평소 사주팔자에 관심이 많다. 정도의 차이는 있겠지만 자신의 사주팔자에 대해서 궁금하지 않은 사람은 별로 없을 것 같다. 사주팔자 풀이인 역학은 인간과 우주의 관계를 예측하는 것으로, 주역에 기초한다. 주역은 유교 3대 경전의 하나로 인간이 자연으로부터 보호 받고 싶은 간절한 염원에서 출발한 학문이다.

　인간의 지적 능력이나 과학으로는 설명하기 힘든 영역에 대한 호기심이 사주팔자에 대한 관심이 아닐까 싶다. 하지만 과학적으로 증명이 불가한 영역이기에 이를 전적으로 신뢰하고 매달리는 태도 역시 바람직하지 않다.

　대한민국을 혼란 속에 빠트린 최태민과 최순실 사건도 어쩌면 과학적으로 증명되지 않은 것에 대한 무한 신뢰가 낳은 참사가 아닐까 생각한다. "지금 있는 그 자리에서 과학으로 증명되지 않는 종교는 위험하다"는 아인슈타인의 말을 유념해야 할 대목이다.

　나는 사주팔자를 일기예보 정도로 생각한다. 가령 비가 온다는 일기예보를 들은 사람은 우산을 준비해서 외출할 수 있다. 하지만 그렇지 못한 사람은 빈손으로 나가서 비를 맞게 된다. 물론 우산을 가져간다고 해서 비를 한 방울도 안 맞는 것은 아니다. 비의 세기에 따라 여기 저기 다소 비를 맞을 수도 있지만 머리부터 발끝까지 쫄딱 젖는 것보다는 낫다는 말이다.

　내가 사주팔자에 관심을 갖는 중요한 이유는 인간 개개인이 가지고 있는 특성에 대한 관심이다. 지구상의 인구가 대략 74억 명인데 같은 사람이 한 명도 없다는 사실은 실로 놀라운 일이다. 같은 부모에서 태어난 형제나 심지어 쌍둥이도 각기 다른 특성을 가지고 있다.

이렇듯 각기 다른 특성을 잘 발전시키고자 하는 것이 교육이다. 즉 교육은 개개인이 가진 장점을 개발하여 극대화시키는 것이 목적이어야 한다. 하지만 부모들이 자녀의 장단점을 객관적으로 판단하는 일은 무척 어렵다. 고슴도치도 자기 새끼는 예쁘다고 하지 않는가? 부모는 자녀가 무엇을 하든 예쁘고 기특하기만 한 것이다.

자녀에 대한 객관성을 확보하기 위한 방법으로 사주팔자를 참고하는 것도 하나의 방법이 될 수 있다고 본다. 자녀의 특성을 대충이라도 알면 무조건 의사나 판검사 혹은 박사가 되어야 한다는 식의 우격다짐 교육은 하지 않을 것이다.

무리한 자녀교육열은 사교육 시장을 팽창시키고 많은 사회적 부작용을 낳는다. 다만 사주팔자를 다루는 데 있어서 반드시 조심해야 할 부분이 있다. 전문가에 의하면 사주팔자가 맞을 확률은 60~70% 정도라고 한다. 여기에 사주팔자를 공부한 사람들의 능력치까지 감안하면 확률은 더 낮아질 수 있다는 것을 염두에 두어야 한다.

최소한 두세 곳 정도에서 자녀들의 사주팔자를 상담한 후, 이를 종합한 결과와 자녀들의 평소 행동을 살펴본 느낌을 토대로 아이의 특성을 파악해야 할 것이다. 자녀의 특성을 파악해 이를 가지고 자녀와 대화를 통해서 진로를 결정한다면 진로 선택의 오류를 다소나마 줄일 수 있을 것이다.

사주팔자는 과학으로 증명이 불가능하기에 미신으로 받아들이는 경우도 많고, 이로 인한 사회적 부작용이 많다는 것도 유념해야 한다. 사주팔자는 절대적인 것이 아닌, 어디까지나 참고사항이다.

마지막으로 한 가지 반드시 주의할 점이 있다. 사주팔자 상담 이외에 성공이나 부자가 되기 위해서 이름을 바꾸라거나 부적 등의 방편을 제안할 경우, 신중을 기하는 것이 좋다. 노력 없이 얻어지는 것은 없다. 이는 자칫하면 자녀에게 공짜 심리를 교육하는 위험한 일이 될 수도 있다.

음양오행 자녀교육 코치는 자녀교육 경험이 풍부한 어머니들이 음양오행을 공부해서 자녀들의 진로를 상담해 주는 일자리라 할 수 있다. 얼마 전부터 통섭학문이 지식인들 사이에 관심을 모으고 있다. 이는 학문의 경계를 넘어서는 학문으로 인간의 다양함을 통찰하고자 하는 노력의 일환으로 이해된다.

음양오행 자녀교육 코치는 서양의 상담 기법과 동양의 음양오행을 접목해서 자녀의 진로 선택을 돕고 자녀들이 보다 행복한 삶을 영위하는 데 도움을 줄 수 있는 직업이다. 진로상담에 있어 서양의 상담기법이 뼈대라면 사주팔자는 피와 살이라는 생각으로, 학부모를 중심으로 한 음양오행 자녀교육 코치 일자리를 제안한다.

자녀 연애 코치

'중 2가 무서워서 김정은이 대한민국을 침략하지 못한다'는 우스개를 들은 것이 엊그제 같은데, 요즈음은 '위기의 초4'가 더 무섭다고 한다.

초등학교 3학년에서 4학년으로 넘어가면서 학업 수준이 갑자기 높아지기 때문에 학업을 포기하는 학생들이 적지 않다는 것이다.

학업을 포기한 아이는 문제 학생으로 전락할 위험이 크다. 우리나라의 부모들이 생각하는 위험은 가출이나 이성 친구를 사귀는 일이다. 승무원 시절이던 40년 전, 한 재미교포 집에 놀러갔을 때의 일이다. 집에 아이들이 없어서 어디 갔냐고 물었더니 16세 된 딸은 독립해서 따로 산다고 하는 것이었다.

깜짝 놀라서 아이를 망치면 어떻게 하느냐고 했더니 뭐가 망치는 것이냐고 되물었다. "혹시 임신이라도 하면 어쩌나요?" 하니 "그럼 결혼시키면 되지요"라는 대답이 돌아왔다. 대답이 너무 담담하고 쉽게 나와서 적잖이 놀랐던 기억이 난다. 그 말이 자녀를 포기해서 한 말이 아니기를 바랐다.

이러한 현상이 이제는 우리나라에도 상륙한 것 같다. 시대의 흐름을 거스를 장사는 없다. 다만 흐름을 따르되 지혜롭게 대처해야 한다. 인간의 본능인 생리욕에 가까운 자녀들의 연애 욕구를 막는 것은 불가능에 가깝다. 차라리 건강한 연애를 할 수 있도록 도움을 주는 것 이외에 뾰족한 방법이 없다. '자녀 연애 코치'가 필요한 까닭이다.

인기리에 종영된 '유자식 상팔자'라는 TV 프로그램이 있었다. 부모와 사춘기 자녀 사이의 대화를 콘셉트로 한 의미 있는 프로그램이다. 사춘기를 문제 집단으로 규정하는 부모들의 사고방식을 바꾸고, 사춘기 자녀들을 이해함으로써 자녀들과 대화 채널을 가동해야 한다.

사춘기란, 생각에 봄기운이 스며드는 시기라고 나는 정의한다. 봄이 되면 새싹이 움트듯이 사춘기는 부모가 시키는대로 생활하던 자녀들의 생각에 자아가 싹트는 시기다. 자아의 성장은 성인이 되어가는 과정이기도 하다.

여린 새싹이 싹을 틔우는데도 작은 지진이 일듯 땅이 갈라진다. 하물며 인간이 성인으로 성장하는 과정이야 어떠하겠는가? 고통 없이 성인이 되기를 바라는 것은 온실의 화초처럼 살기를 바라는 것과 크게 다르지 않다.

스스로의 의지대로 살고 싶어 하는 사춘기 자녀들은 자신들의 요구가 부모에게 차단 당하면 방으로 들어가서 문을 걸어 잠근다. 이때부터 대화는 단절된다. 인간에게 가장 중요한 가치는 자유다. 사춘기는 자녀들이 자신들의 자유를 보장해 달라고 요구하는 시기이다. 반면 부모는 "너는 내 소유물이니 내 뜻을 따라 살아야 한다"는 주장을 굽히지 않는다. 나는 이를 '사춘기 참사'로 규정한다.

자녀 연애 코치는 자녀들의 건강한 연애를 도와주는 직업이다. 자녀들이 몰래 연애를 하기보다 부모님과 자연스럽게 상의할 수 있는 분위기를 조성해야 한다. 그를 위해서 어머니가 먼저 자녀들의 연애 코치가 되어야 한다.

자녀 연애 코치는 자녀들이 건강하게 성장하는 데 반드시 필요한 직업이다. 나는 이 직업을 위한 많은 연구와 노하우를 축적하고 있다. 청소년은 국가의 미래이다. 사춘기의 청소년들이 건강하게 성장하는 사회라야 국가의 장래가 보장된다.

2015년에 아.나.기 주최로 '사춘기 해방 축제'를 양평에서 개최한 적이 있다. 사춘기 해방 캠프에 참석한 부모들에게는 X자가 표시된 마스크를 쓰게 했다. 캠프 기간 동안 자녀들에게 가능하면 잔소리나 참견을 하지 말 것을 요청하는 취지에서였다. 잔소리를 할 때마다 벌금을 내게 했다.

캠프 기간 동안 자녀들에게는 100% 자유를 보장하고 자율적인 캠프가 되도록 했다. 잠자는 시간도 스스로 정하게 했다. 원한다면 밤을 새워서 노는 것도 허락했다. 아침에 일어나는 시간도 자율에 맡겼다. 식사도 부모님들과 함께 준비하고 설거지도 스스로 하게 했다. 한 끼는 아이들끼리 식사를 준비해서 부모님을 대접했다.

행사를 마치고 여론조사를 해 보니 만족도가 매우 높았다. 사춘기 청소년들에게는 규제에서 해방시키면서 자신이 누린 자유에 대해 책임을 지도록 가르치는 것이 중요하다. 연애도 마찬가지다.

선비가족캠프 코치

대한민국은 OECD 국가 중에서 국민행복지수가 가장 낮은 수준이며 청년 지살률과 이혼율이 상위권에 속한다. 나는 그 이유를 가족 간의 소통부재에 기인한다고 생각한다. 한국인들은 상대방의 말을 경청하기보다 자기주장을 하느라 바쁘다. 상대의 말을 끝까지 듣지 않으면 상대의 마음을 이해하기 힘들다. 대화 도중에 기분 나쁜 단어가 나오기라도 하면 참지 못하고 화를 벌컥 낸다. 화가 욱하고 올라오니 상대방을 이해하려는 노력은 뒷전으로 밀려난다.

표현 방법도 투박하다. 예를 들어 누군가가 B의 귀에 대고 "A가 당신에게 나쁜 X이라고 했다"는 말을 전했다고 치자. B는 대뜸 A를 향해 "X같은 X"이라고 맞받아친다. 이러면 대화는 더 이상 진전되지 못하고 A와 B는 대화가 단절된 채 원수가 된다. 만일 B가 'A가 왜 나를 흉보았을까?'라고 한 번만이라도 생각한다면 둘은 원수가 되지 않을 것이다. 제3자의 말만 믿지 말고 A에게 진실 여부를 확인한 다음에 화를 내도 늦지 않을 텐데, 안타까운 일이다.

이러한 현상은 가족 간의 대화에서도 크게 다르지 않다. 가족끼리도 말 한 마디에 싸움이 일어난다. 감정이 송곳처럼 날카롭다. 모두의 머릿속에 why라는 개념이 없는 듯하다. '왜?'라는 질문이 없으니 방법도 나오기 힘들다. 의사가 환자를 치료할 때에도 진찰이 제대로 되어야 바른 처방이 나오는 법인데, 어디가 아픈지도 모르고 사는 것이 현대인의 삶이 아닌가 한다.

이러한 사회 현상에는 언론의 책임도 적지 않다. 언론은 국민을 선도하는 역할을 해야 함에도 불구하고 말꼬리를 잡아 흥미 위주로 보도하면서 사회 갈등을 증폭시킨다. 언론의 성찰이 요구되는 부분이다. 심지어 이러한 사회상은 개그프로그램이나 드라마를 통해 확대재생산 된다.

현재 우리 사회는 곡해사회라고 할 만하다. 곡해는 국민 불행의 원인이 되고 있다. 땅에 떨어진 국민의 품격을 향상시키기 위해 '선비 교육'이 필요하다. 국민의 인격이 바로 국격이다. 국민 개개인의 인격이 향상되면 가족문화와 사회문화가 바뀌고, 나아가 정치문화를 바꾸는 계기가 될 것이다.

가족 간에도 서로 존중해야 한다. 부모는 자녀를 믿지 못하고, 자녀는 부모를 가볍게 여긴다. 부부도 마찬가지다. 남편은 아내 말을 모두 잔소리라고 생각한다. 아내는 남편을 믿지 못한다.

가족의 인격과 품위를 위해서 '선비가족캠프'가 필요하다는 것을 그동안의 가족캠프를 통해서 실감했다. 나는 2013년에 '남편 기 살리기', 2014년에 '착한 결혼', 2015년 '사춘기 해방' 등의 다양한 가족캠프를 진행한 바 있다. 각 캠프마다 70명~120명이 참여했다.

보통 캠프 첫 날은 가족끼리도 서로 눈을 마주치지 않은 채 어색하고 서먹해 한다. 캠프가 진행되면서 공감소통, 카드놀이 등의 게임을 통해 가족 간에 존중하는 법을 알게 되고, 그때서야 가족들이 속내를 드러내기 시작한다. 대화를 통해 서로에 대한 이해도가 점점 높아지고, 가족을 존중하는 마음을 키운다. 소통이 가족 화합의 중요한 계기임을 확인하게 되는 것이다.

캠프를 마치고 사례발표를 하고 나면 감격의 눈물을 흘리고 따뜻한 포옹으로 마무리 한다. 그리고 나에게 허리를 굽혀 고마움을 표한다. 1박 2일이나 2박 3일간의 가족캠프 체험은 이론으로 100시간 이상 학습한 효과가 있었다.

나는 이 책을 통해 교육부 당국에 학교 수학여행을 선비가족캠프로 전환할 것을 요청하고 싶다. 수학여행은 여행의 기회가 거의 없었던 가난한 시절에 필요했던 프로그램이다. 이제는 가족여행이 생활화되었다. 수학여행을 선비가족캠프로 전환해서 학급별 소규모로 진행하는 것이 바람직하다. 그 편이 학생들의 안전에도 도움될 것이다.

선비가족캠프를 준비하는 과정에는 학교와 학부모, 학생들이 함께 참여하는 것이 좋다. 이를 통해 학교에 대한 학부모들의 불신을 극복하는 기회가 될 수 있기 때문이다. 학교에 대한 불신이 해소되면 공교육 정상화에도 도움이 된다. 또한 학부모를 '선비가족캠프 코치'로 양성하면 자녀를 선비처럼 반듯하게 키우게 될 것이다.

가족주식회사 코치

'아줌마 운동'을 하면서 아직까지 이해가 안 되는 점이 있다. 대한민국 아줌마는 남편이 벌어 온 돈을 자신들의 소유로 만들어 거꾸로 남편에게 용돈을 준다는 사실이다. 이런 사례는 내 주변이나 가족 중에도 흔히 볼 수 있다. 남편 돈을 불법으로 착취하는 것은 아닐 테니, 남편들의 마음이 좋거나 지은 죄가 많거나 이도 저도 아니면 주부의 능력이 뛰어나기 때문이라고밖에 해석할 수 없을 것 같다.

사정이 이렇다 보니 남편들은 비자금 마련을 위해서 갖가지 방법을 동원하게 되고 혹여 발각될 경우는 마나님에게 치도곤을 당하기도 한다. 아내들 또한 남편에게는 "아껴 쓰라"고 잔소리를 해대면서도 자신이 하고 싶은 것을 하기 위해 비자금을 마련한다.

바야흐로 나라 전체가 비자금 전쟁 중이다. 부부 불신의 벽도 하늘 높은 줄 모르고 올라간다. 비밀 없는 부부가 바람직하다는 점에서 염려되는 부분이 아닐 수 없다. 돈을 버는 이유는 가족이 행복하기 위함인데 돈이 행복의 걸림돌이 된다면 돈의 노예나 다를 바 없다. 용돈 전쟁으로

부터 해방되기 위한 방법으로 가족주식회사를 제안한다.

맞벌이 부부의 경우, 남편과 아내 봉급의 10~20% 정도를 각자의 용돈으로 공식 인정하고 서로의 용돈에 대해서는 묻지도 따지지도 않는다. 나머지 돈은 가족 공용의 통장에 넣어서 생활비로 공동 관리하는 것이다. 자녀에게도 생활비를 공개하여 어려서부터 자연스럽게 경제교육을 시킨다.

생활비를 투명하게 관리할 경우 가족 간의 신뢰가 회복된다. 자녀들 또한 가정 형편이 넉넉하지 않음에도 부모가 노력해서 자신들을 학원에 보낸다는 사실을 알아야 더욱 열심히 공부하게 된다.

부모들은 사교육을 무조건 따라 하기보다 가정 형편을 고려하고 자녀들의 의견을 존중해서 결정하는 것이 바람직하다. 부모들이 공부, 공부만 외치면 자녀들은 부모를 위해서 공부하는 것으로 착각하고 공부 문제로 부모와 흥정하려 든다. 버르장머리 없는 불효자가 양산되는 이유다.

가족주식회사는 가족을 둘러싼 제반 문제를 민주적으로 다루면서 해결하는 솔루션이다. 가족회의에서 민주적으로 결정된 사항은 지키게 된다. 아버지가 가족회의에서 술을 끊고 담배를 피우지 않겠다고 약속하면 지킬 확률이 높다. 아내의 잔소리가 아닌 회의에서 결정되었기 때문이다.

한국인은 속내를 이야기하는 데 어설프다. 상대방의 질문을 받으면 '예뻐요, 좋아요, 행복해요, 맛있어요'라는 답변이 주를 이룬다. 주어와 동사는 생략되고 형용사만 사용하는 경우가 적지 않다. 가족주식회사의 장점은 가족 간 소통 문제도 해소할 뿐만 아니라 자녀들의 경제교육과 더불어 회의하는 법, 말하는 법, 듣는 법을 훈련하는 기회가 된다는 것이다.

가족주식회사의 회의 주제는 매 월의 생활비 계획과 자녀들의 진학 문제, 집 마련, 노후설계, 자녀들의 이성친구 문제 등 가족들의 모든 문제가 될 수 있다. 가족주식회사 코치는 각 가정에 적합한 가족주식회사 설립을 설계하고 지원하는 직업이다.

아줌마 소비자리포터

나는 종종 스스로를 의심병 환자라고 생각할 때가 있다. 상품 광고나 입소문에는 도통 귀를 기울이지 않는다. 밭에서 나온 식품이나 물에서 잡은 생선 등 내 눈으로 선별이 가능한 상품만 믿는다. 고기도 한우와 수입육을 구별하는 능력이 없기 때문에 무조건 수입고기를 구입한다. 고급 한우를 사겠다는 욕심 때문에 속고 싶지 않아서다.

그밖의 제품들은 기업정신을 보고 구입한다. 현명한 소비자가 건강한 기업을 만든다는 생각에서다. 정직한 기업은 국가경쟁력의 핵심이다. 나는 국가경쟁력이 아줌마들의 손에 달렸다고 믿고 있다.

소비의 주인공은 아줌마다. 나는 십 수 년 전부터 '아줌마 소비자리포터'가 우리 사회에 꼭 필요한 직업이라고 생각했다. '아줌마 소비자리포터'야말로 현명한 소비를 위한 정보를 제시한다고 믿기 때문이다. 이는 기업들의 일방적인 제품 정보로부터 소비자가 스스로를 지키기 위한 최소한의 노력이기도 하다.

분유를 예로 들어 보자. 분유는 면역력이 약한 아기들의 생명과 직결되는 제품이다. 기업에서 만든 광고에만 의존하기보다 소비자 스스로 국립실험기관과 민간실험기관 등 적어도 두 곳 이상의 기관에 실험을 의뢰할 필요가 있다.

정성분석(화학분석에서 물질의 성분구성 분석)과 정량분석(물질을 구성하는 양적 관계분석)의 결과를 가지고 분유가 아기들에게 미치는 영향을 몇몇 전문가에게 자문을 구한 뒤에, 여기서 얻은 결과를 기초로 분유를 선택할 수 있다면 현명한 소비를 할 수 있을 것이다.

세상을 왜 그렇게 피곤하게 사느냐고 말할 사람들도 있을 것이다. 그러나 나는 "생명이 중요한가? 피곤한 것이 중요한가?" 되묻고 싶다. 옷이나 신발, 가방 등은 불량품을 구입해도 생명에 직접적인 영향은 없다. 허나 불량식품과 불량건강보조식품은 우리 몸속으로 들어가기 때문에 생명과 직결되는 문제이다.

생명과 관련된 먹을거리로 소비자를 속이고 이윤을 올리는 행위는 엄벌에 처해야 한다. 생활필수품일수록 철저한 검증절차가 필요하다. 우선 먹을거리와 유아용품 중심으로 제품을 선정한다. 위에서 설명한 검증절차를 거치고 소비자들에게 '사용후기 리포트'를 받아서 이를 종합한 후 '아줌마 소비자리포터'의 이름으로 공표한다.

이렇게 공표된 '아줌마 소비자리포터'의 내용과 정보는 상품의 품질검증에 대한 객관성을 확보하기 때문에, 보다 좋은 제품을 구매하는 데 크게 기여할 수 있다. 여성들의 관심사인 미용 관련 제품이나 성형 분야도 '아줌마 소비자리포터'들의 적극적인 활약이 요구되는 분야다.

'아줌마 소비자리포터'는 영역별로 전문적인 교육을 받아 전문성을 확보해야 한다. 사전예고 없이 수시로 검증 활동을 진행하면서 기업을 긴장시키고 정직성을 담보하도록 만들어야 한다. 이렇게 생성된 정보를 모아 온오프라인에서 '아줌마 소비자 소식지'를 제작한다.

소식지는 무가지(무료 잡지)가 아닌 유가지(유료 잡지)로 배포한다. 무가지로 발행되는 소비자 소식지는 기업의 광고나 후원에 의존할 수밖에 없고, 기업 보조를 받으면 정의로운 소비자 정보를 제공할 수 없기 때문이다. '아줌마 소비자 소식지'는 어떤 기업의 영향도 받지 않는 오로지 소비자만을 위한 매체여야 한다.

믿을 만한 정직한 정보에 대해서는 정당한 가격을 지불하고 구입한다는 소비자들의 의식도 필요하다. 시민들이 현명해지면서 인터넷 파워블로거들이 전달하는 정보를 전적으로 신뢰하는 시대는 지나가고 있다. 많은 파워블로거들이 기업의 협찬을 받는다는 사실은 이미 공공연한 비밀이기 때문이다. 몇몇 언론사들은 연례적으로 우수기업을 선정해 표창식을 거행하는데 이 역시 기업의 또 다른 홍보 수단일 뿐이다.

초창기에는 한 페이지짜리 소식지를 내더라도 '아줌마 소비자리포터'가 검증한 제품은 눈 감고 구매해도 된다는 신뢰를 받아 내야 한다. 신뢰를 기반으로 점진적으로 2페이지, 3페이지 늘려 가면 된다. 이러한 정보가 쌓이면 대한민국 국민이 믿을 수 있는 소비자 소식지가 탄생할 것이다.

인터넷의 발달로 세상은 유리알처럼 투명해지고 있다. 이러한 사회에서의 경쟁력은 창의성과 정직성 그리고 도덕성이다. 창조적인 생각은 정직과 도덕을 밑거름으로 성장한다. 아줌마의 힘으로 정직한 기업을 만들고 이것이 선진 한국의 초석이 되어야 할 것이다. '아줌마 소비자리포터'가 만드는 정직한 소비자 소식지가 탄생할 날을 기대해 본다.

사춘기해방캠프 취재 모습을 보며 배우다 |

방송테이너의 건강한 의견

나는 방송과 인연이 많다. 대학시절에 이미 3년간 연기자로 활동했고, '아줌마 운동'을 시작한 이래 이따금씩 방송패널로도 활동하고 있다. 그래서인지 방송에 대한 애정이 적지 않다. 집에 있을 때는 항상 TV를 틀어 놓고 열심히 시청한다. 프로그램의 제작 과정과 제작 의도, 시청자들에게 주고자 하는 메시지가 무엇인지 이해하기 위해서다.

TV 프로그램은 보통 신문과 인터넷, 라디오 방송 등을 통해서 어느 정도 검증된 내용을 바탕으로 제작된다. 대중성 확보를 위해서인데, 대중성을 중시하는 이유는 다름 아닌 시청률 경쟁에서 유리한 고지를 점하기 위해서이다.

시청률은 돈과 직결된다. 시청률 전쟁은 피를 말리는 싸움이라고 한다. 방송 관계자들은 시청률 전쟁이 PD의 창조성을 좀먹는다고 하소연한다. 모 방송사의 고위 관계자는 시청료로 운영되는 KBS까지 시청률 전쟁에 뛰어들어 방송 제작 환경이 더욱 어려워졌다고 한다. 그는 공영방송으로서 KBS가 중심을 잡았으면 좋겠다는 말을 덧붙이기도 했다.

베스트셀러가 반드시 우수한 작품이 아니듯 시청률 높은 방송이 좋은 프로그램이 아님에도 시청률 혈투를 벌이는 것은 그리 바람직한 현상은 아니다. 하지만 시청률은 국민들의 관심사를 가늠하는 잣대라는 점에서 간과할 수 없는 지표이다. 시청률 전쟁의 주 타깃은 소비를 주도하는 아줌마, 즉 30대 이상의 여성층이다. 아줌마가 주 시청자인 드라마 제작에 각 방송사가 심혈을 기울이는 것이 이를 증명한다.

그럼에도 불구하고 아줌마가 방송 제작에 얼마나 주체적으로 참여하고 있는지 궁금하다. 기껏해야 방청객으로 동원되어서 박수부대로 나서는 정도가 아닐까? 기회도 많지 않고 보수도 그리 크지 않다고 한다. 우울한 일이다. 아줌마들은 과연 언제까지 마이너 위치에 머물러야 하는 것일까?

이러한 문제를 극복하려면 프로그램 제작에 아줌마들이 적극 참여하는 환경을 마련해야 한다. '방송테이너'라는 일자리를 만들어 아줌마들의 참여를 이끌어 낼 것을 제안한다. 방송테이너는 방송 소비자로서의 권리를 확보하기 위한 활동이다.

방송테이너의 활동에는 다양한 분야가 있다. 가장 시급한 문제는 국민 정신 건강을 해하는 프로그램 제작에 제동을 걸고 생활에 도움 되는 정보를 적극 제공하는 일이다. 막장드라마가 가정의 갈등에 일조함에도 불구하고 방송사는 광고 수익을 위해서 이를 무책임하게 방조하고 있다. 각 방송사마다 유사한 프로그램에 출연자를 돌려막기 하는 현상도 시청률과 광고수익에 급급한 방송 환경과 무관하지 않다.

현대사회에서 방송은 종교 이상의 영향력을 가지고 있다. 국민 정서에 부정적인 영향을 미치는 방송은 마약과 다를 바 없다. 한 때 방송사들이 '짜장면을 자장면으로 발음해야 한다'고 난리법석을 떤 적이 있다. 하지만 자장면의 발음에 그토록 민감한 방송사가 남편을 오빠라고 부르는 것에는 한없이 관대하다.

오빠의 사전적 의미는 같은 부모에게서 태어난 사이이거나 일가친척 가운데 항렬이 같은 손위 남자를 뜻한다. 어째서 방송에서 남매 간의 호칭을 부부 호칭으로 허용하는지 납득하기 힘들다. 바람직한 일은 아니지만 결혼 전에 알고 지내는 남녀끼리 오빠로 호칭하는 것까지는 그렇다 쳐도 남편을 오빠로 부르는 것은 하루빨리 개선되어야 한다.

뿐만 아니라 결혼 전 남녀가 함께 여행을 하는 일이 로맨틱하게 포장되어 방송 전파를 타는 일도 비일비재하다. 사적인 일에 참견하는 것은 부적절하다고 해도, 공인 특히 연예인의 사생활이 청소년들에게 미치는 영향이 적지 않다는 점에서 주의가 요구되는 부분이다. 시대의 흐름이나 유행을 거부할 수 없다 하더라도 바람직하지 않은 문화를 방송이 앞장서서 펌프질하는 일은 지양해야 한다.

방송테이너는 방송의 부정적인 영향을 긍정적인 방향으로 환원시키는 일에 참여하는 활동이다. 이를 위해서 정부는 각 방송사마다 다수의 '아줌마 방송테이너단'을 구성해서 프로그램별로 활동할 수 있는 제도를 마련해야 한다.

현재는 각 방송사가 별도로 시청자위원회를 운영하고 있지만, 시청자위원회에 참여해 본 경험에 따르면 이는 형식에 불과하다는 생각을 지울 수 없었다. 방송의 파급력을 감안할 때, 아줌마들의 건강한 의견이 방송 제작에 반영될 수 있는 제도적 장치가 반드시 필요하다.

다큐테이너가 알리는 생활의 지혜

바야흐로 다큐멘터리의 시대이다. 인터넷의 발달로 사회가 투명해지고 많은 정보가 공유되면서 사람들은 꾸미고 가공된 정보에 점차 흥미를 잃어가고 있다. 대부분의 예능이 리얼리티를 표방한 다큐 예능으로 제작되는 것도 이러한 시대 흐름과 무관하지 않다. 음식으로 표현하자면 생식을 즐기는 시대인 것이다.

다큐 예능 프로그램의 대표라고 할 수 있는 '1박 2일'이 9년 동안이나 인기를 유지하고 있는 이유는 인간의 생존 요건인 먹는 것과 잠자는 문제에 초점을 맞췄기 때문이다. 1박 2일은 소홀하게 생각하기 쉬운 먹고 자는 문제가 얼마나 소중한지를 일깨우는 예능 프로그램이다. 출연자들은 너무 쉽게 여겼던 한 끼 식사와 편안한 잠자리를 얻기 위해 시시각각으로 어려운 미션을 수행한다.

'삼시 세끼'라는 예능도 농사를 짓고 낚시를 해서 스스로 식자재를 조달한 뒤 손수 요리까지 해야만 겨우 한 끼를 먹을 수 있는 자급자족 프로그램이다. 출연자들은 편히 앉아서 어머니가 만들어 바치는 음식만 먹다가 스스로 끼니를 해결하지 않으면 안 되는 상황에 부딪치게 된다. 음식을 소홀하게 생각하는 사람들에게 음식의 소중함을 일깨워 준다는 면에서도 의미 있는 프로그램이다.

생활 다큐멘터리 제작을 위해서 아줌마들이 '다큐테이너'로 거듭나면 어떨까. 아줌마들이 생활문화를 제작해서 유튜브에 올리면 한국의 전통 생활문화가 세계로 퍼져나간다. 스마트폰이 보급되면서 전문적인 촬영과 편집 기술 없이도 제작이 가능해졌기 때문에 내용만 충실하다면 퍼져나가는 건 시간 문제다.

지인들 가운데 하나는 한국 전통문화를 10분짜리 동영상으로 제작해서 세계에 홍보하는 일을 하고 있다. 예를 들어 세종대왕의 치적을 과학적 고증을 첨가해 제작하고 강의를 곁들여서 홍보한다. 구체적으로 한글과 첨성대의 비밀, 물시계인 자격루의 숨겨진 과학, 세종대왕의 종합적인 리더십 등을 다루는 다큐멘터리로 만든 것이다.

그밖에도 한국문화와 관련된 동영상을 다수 제작했다. 덕분에 일반 주부임에도 다른 강사와 차별화 되어 강의 요청이 쇄도한다. 아줌마들이 한국의 생활문화를 역사적 의미를 담아서 과학적으로 고증한 다음, 다큐멘터리로 제작하면 콘텐츠의 상품화가 가능할 것이다.

휴대폰 시장에서는 가입자를 늘리기 위한 통신사들의 혈투가 벌어지고 있다. 이동통신 3사가 판매하는 통신망은 동일하기 때문에, 차별화된 문화 콘텐츠를 제공하여 경쟁력을 갖추면 시장에서 우위를 점할 수 있다.

바야흐로 문화 콘텐츠 시대이다. 아줌마들이 뜻을 모아서 다큐테이너 동호회를 결성한다면 경쟁력 있는 전문 제작자로 거듭날 수도 있다. 잘 되면 통신사에서 협조 요청을 해 올지 누가 알겠는가?

자녀들과 함께 생활 다큐멘터리를 제작하는 것은 그 자체로도 의미 있는 일이다. 동호회원들끼리 생활 다큐멘터리 전시회를 개최하는 것도 재미있을 것이다. 아줌마 개개인이 가지고 있는 생활의 지혜를 세상에 알릴 수 있는 좋은 기회가 될 수 있다.

아줌마 생활전문기자

언론사 중에 취재기사를 판매해서 수익을 올리는 통신사가 있다. 아줌마들도 기자가 되어서 기사 판매하는 일을 해 보자. 내 주변에도 글 잘 쓰는 아줌마들이 많다. SNS가 생활화되면서 글쓰기 능력이 점차 향상되고 있다.

여성의 특성은 감성이 풍부하다는 점인데 이 감성은 글쓰기의 필수 조건이라 할 수 있다. 감성이 풍부한 여성은 기본적인 글쓰기 재능을 가진 셈이다. 드라마 작가와 프로그램 구성작가의 80% 이상이 여성인 것도 이러한 특성 때문이다.

내가 SNS를 열심히 하는 것은 글쓰기 연습의 일환이기도 하다. 여성 특유의 감성과 경험, 지혜라는 장점을 살렸으면 하는 마음으로 '아줌마 생활전문기자'라는 일자리를 생각해 봤다. 아줌마들이 모여서 '아줌마 통신사'를 만드는 것이다.

'아줌마 생활전문기자'는 여성의 특징인 감수성과 관찰력 그리고 글쓰기라는 세 가지 요소를 활용해서 생활기자라는 전문 직업에 도전하는 일이다. 아줌마들이 생활 노하우를 발휘하고, 생활 현장에서 일어나는 여러 가지 일들을 취재해서 기사화하면 기존 언론과 차별화 된 뉴스를 생산할 수 있다.

기존 언론에서 현장을 취재하는 기자들은 대부분 젊은 기자들이다. 생활 경험이 많지 않은 젊은이들이 국민들의 삶을 구석구석을 들여다보는 것에는 한계가 있다. 이러한 틈새를 메울 수 있는 것이 '아줌마 생활전문기자'이다.

지금은 지적 소유권이 점점 강화되는 시대이며 생각이 자산으로 인정받는 시대이다. 취재한 기사가 기사화 될 경우 기사를 쓴 아줌마가 지적소유권을 갖게 된다. 아줌마 생활전문기자로서 취재한 정보가 사회적으로 신뢰를 받으면 기존 언론에 대한 불신을 회복하는 단초가 될 수도 있다.

나는 1999년 '아줌마는 나라의 기둥'을 발간한 후 2개월여 동안 하루 서너 건의 인터뷰를 했다. 인터뷰를 하면서 의문이 생겼다. 내 말을 열심히 받아 적는 기자에게 걱정이 되어서 물었다. "기자님 내 말만 믿고 기사를 썼다가 내가 만약 거짓말을 한다면 어떻게 되나요?"하고 물었더니 "그럴 리가 있겠습니까?"라며 웃음을 보였다. 이따금씩 오보 기사가 나오는 이유를 알 것 같았다. 내가 거짓을 이야기하면 그것이 걸러지지 못하고 바로 오보가 되는 것이다.

기자의 필수 요건은 정확성, 전문성, 도덕성 그리고 책임감이라고 생각한다. 아는 만큼, 노력하는 만큼 보인다고 한다. 전문성과 경험이 담보되어야 심층취재가 가능하다. 생활 분야를 아줌마만큼 잘 아는 사람은 아마 드물 것이다. 장인은 한 분야에서 타의 추종을 불허하는 전문성을 확보한 사람이다. 아줌마들이 생활전문 기자로 거듭나서 '장인기자'라는 칭송을 받았으면 하는 것이 나의 희망이다.

아줌마 생활전문 기자에게는 정년퇴직이 없다. 나이가 들수록 농익은 생활의 지혜가 축적되기 때문이다. 이 일은 또한 아줌마들에게 다소 부족한 인지능력을 향상시키는 데도 도움이 될 수 있다.

아줌마 일자리 인스펙터

지금까지 생활에 필요하지만 활성화되지 않은 분야를 중심으로 기혼 여성들의 일자리에 대해서 살펴보았다. 평소 내가 아줌마 운동에 매진하는 것은 정직하고 행복한 사회를 만들기 위해서다. 그리고 이러한 사회가 되려면 먼저 아줌마들이 현명해져야 한다. 한국의 아줌마들은 경제권, 자녀양육권과 함께 남편 조종권(?)까지 틀어 쥔 막강한 실세 집단이다. 아줌마들의 권한을 어떻게 사용하는가 하는 문제가 대한민국의 운명을 결정짓는다고 해도 과언이 아니다.

아줌마들이 파수꾼으로 거듭나지 않으면 대한민국에는 희망이 없다. 나는 아줌마들이 우리 사회를 정화하는 감독관으로 나서야 한다고 생각한다. 이러한 관점에서 아줌마들의 일자리에는 높은 도덕성이 요구되어야 한다. 아줌마 일자리플랫폼에는 흔들림 없는 도덕성 유지를 위해서 '아줌마 일자리 인스펙터'가 필요하다.

아줌마가 하는 일은 무조건 믿어도 된다는 신뢰가 확보되지 않으면 거대 자본과의 경쟁에서 살아남기 힘들다. 아줌마 스스로 철저한 검증을 하지 않으면 안 된다. 이는 아줌마들이 사회적으로 부정적인 평가를 받는 것을 극복하는 일이기도 하다.

아줌마 일자리 인스펙터는 일을 하면서 누가 보든 보지 않든 자신을 단속하고 또 단속해야 하는 일이다. 아줌마 일자리플랫폼의 성공은 첫째도 둘째도 '아줌마 일자리 인스펙터'들의 정직하고 공정한 활동에 달려 있다. 그 역할과 책임이 지대한 만큼 도덕성 교육과 전문적인 교육을 철저하게 받아야 할 것이다.

아줌마 일자리 강사

간혹 외부 요청이 있을 때면 특강을 나간다. 강의를 준비할 때 가장 염려하는 부분은 수강생들에게 어떤 도움 되는 얘기를 할 것인가 하는 고민이다. 일반적인 지식이나 상식은 인터넷에 널려 있으니 나만의 이야기를 들려주어야 한다. 경험과 지식을 머리에 입력해서 내 몸에서 한 바퀴 돌려서 소화된 이야기를 한다는 것은 쉽지 않은 일이다.

언젠가 TV에서 '거꾸로 교실(flipped learning)'이라는 프로그램을 본 적이 있다. 이는 '역진행 수업'이라고도 한다. 기존의 전통적인 수업 방식과 정반대로, 교수가 제공한 강의 주제를 학생들이 미리 선행학습을 하고, 그 내용을 강의실에서 토론이나 풀이를 통해서 진행하는 학습 방식이다. 결국 선생님이나 교수의 가르침이 점점 줄어드는 것을 의미하므로 이를 '가르침의 종말'이라고 정의하기로 했다. 가르침의 종말은 학교의 역할이 점점 약화될 것이라는 예고이기도 한다.

인터넷 시대에는 전문지식이 한 사람이나 집단의 전유물이 아닌, 인류 공동의 소유물이 된다. 나만의 독창성이 확보된 지식이 아니면 힘을 못 쓰는 시대가 도래한 것이다. 독창성이나 차별화는 기계가 할 수 없는 일이다. 그것은 오직 사람의 마음으로만 가능하다. 사람의 마음은 수시로 바뀌고 사람마다 그 내용이 다를 수밖에 없다. 이것이 독창성이다. 아줌마 일자리는 여기에 초점을 맞춘 일자리다.

아줌마 일자리는 경험에 기반하고 마음으로 하는 일자리이다. 무엇보다 정성을 들여야 하는 일들이다. 마음으로 하는 일은 전문성이나 조건이 필요 없다. 마음관리만 잘하면 누구도 대신 할 수 없는 경쟁력이 생긴다. 내가 아.나.기 교육을 할 때는 강사를 선정하는 기준이 있다. 머리로 외운 지식을 전달하는 사람은 재미가 없다. 경험에서 얻은 산지식을 이야기하는 사람이어야 한다.

'아줌마 일자리플랫폼'이 대박나려면 자신만의 이야기를 할 수 있는 훌륭한 강사에게 교육 받아야 한다. 훌륭한 강사는 우선 올바른 인성을 기본으로 갖춘 사람이라야 한다. 인성이 바로 서면 무슨 일이든지 바르게 하기 때문이다.

그런 의미에서 초기에는 외부에서 전문 강사를 초빙하더라도 점진적으로 각 분야의 일자리에서 경험을 쌓고 훌륭한 인성을 겸비한 이들이 아줌마 일자리 강사로 나서면 좋을 것이다.

실전과 현장 경험은 무엇과도 바꿀 수 없는 소중한 자산이다. 나는 지식만 있고 지혜 없는 지식인은 그리 존경하지 않는다. 지식과 권력으로 제 식구 잘 먹고 잘 사는 일에만 몰두하는 사람들은 강사로 남 앞에 나설 자격이 없다고 믿기 때문이다.

제 4 장

● ● ● ● ○ ● ● ● ●

할줌마 일자리

돈으로만 해결하려는 복지정책은 쓰레
기통에 버려야 한다. 복지 문제를 국민
들의 선택으로 행복하게 해결할 수 있
도록 행정지원체계를 수립해야 한다.

할줌마 일자리

음식물쓰레기도 판매한다

음식물쓰레기를 판매하는 시대를 상상해 본다. 전문가들에 의하면 연간 쓰레기로 버려지는 음식물을 돈으로 환산하면 대략 18조 원이 넘는다고 한다. 음식물쓰레기 처리 비용까지 합하면 그보다 더 많아진다.

서민 아파트 약 1만 채에 해당하는 엄청난 돈이 매년 음식물쓰레기로 버려지고 있다. 이것이 환경오염에 미치는 악영향은 돈으로 환산이 힘들 정도이다.

1972년에 채택되어 1975년 발효한 런던협약은 육지에서 배출되는 여러 폐기물의 해양 투기 금지를 목적으로 구성된 해양환경보호협약이다. 대한민국은 1992년에 가입했다. 이에 따라 한국에서도 2006년부터 일반 폐기물 해양 투기를 일부 금지했으며 2013년부터는 음식물쓰레기 및 슬

지구 살리기 자선패션쇼 |

러지 해양 투기를 전면 금지했다.

이러한 문제를 해결하기 위해 음식물쓰레기 분리수거가 시행되는 중이다. 음식물쓰레기 분리수거가 성공적으로 이루어지는 나라는 세계에서 대한민국이 유일하다. 한국 아줌마들의 힘에 세계가 놀라고 있다. 그러나 분리수거 된 음식물쓰레기가 제대로 재활용되지 못하고 매립되거나 소각되어 그 의미가 퇴색되고 있다.

음식물쓰레기를 가장 효율적으로 재활용하는 첫 단계는 동물사료로 만드는 일이다. 옛날에는 돼지들이 꿀꿀이죽이라 불리는 음식물쓰레기를 먹고 자랐다. 그때는 동물사료가 별도로 없었으며 사람들이 먹고 남은 음식을 동물들이 먹는 것은 지극히 자연스러운 일이었다.

다만 요즈음은 음식물쓰레기를 분리수거한다 해도 완벽하지 않기 때문에 사료를 제조할 때 잘 걸러내야 한다. 사료를 만들고 남은 슬러지는 친환경퇴비를 만들면 된다. 음식물쓰레기 재활용 선순환 구조는 자원 절약과 환경 보호에 꼭 필요한 일이다. 일부 뜻있는 분들이 이 일을 진행하고 있지만 규모가 미미하다.

음식물쓰레기 문제가 소홀하게 다루어지는 것은 환경부와 농수산식품부의 책임이 크다 하겠다. 음식물쓰레기 관리부처는 환경부이고 동물사료와 퇴비 관리는 농수산식품부 소관이다. 관련부처 간에 유기적인 협력이 이루어지지 않아 소중한 자원이 대책 없이 낭비되고 있다.

환경부와 농수산식품부가 음식물쓰레기 재활용에 관심을 기울여야 하는 것은 동물사료 오염이 매우 심각한 수준이기 때문이다. 양심 있는 사료 수입업자의 고백에 따르면 동물사료를 수입하는 과정에서 운송 기간이 길어 건조 현상이 생기고, 이로 인해서 중량이 줄면 한국에 도착하기 전에 태평양 상공에서 일부러 비를 맞혀 중량을 맞춘다고 한다. 그런 다음 썩지 않도록 방부제를 무차별 살포한다고 하니 놀랍고도 한심한 일이다.

방부제에 오염된 동물사료를 먹고 자란 동물에 의해 슈퍼박테리아가 발생된다고 하니 두렵기 그지없는 일이다. 하지만 이에 대처할 백신이 제때 개발되지 못해 우리 아이들의 생명이 위협 받고 있다. 조류독감 등이 이러한 문제와 관련이 있는지 살펴봐야 한다.

버려지는 음식물쓰레기를 친환경 동물사료로 재활용한다면 국민들의 건강한 먹거리 확보에 도움이 될 것이다. 음식물쓰레기를 매일 배출하는 아줌마들이 친환경 사료와 퇴비까지 만들어 낸다면 사료를 수입할 일이 줄어든다. 음식물쓰레기가 '아줌마표 친환경 동물사료와 친환경 비료'로 바뀌게 되길 기대한다.

　음식물쓰레기를 더럽다고 생각하지 않고 소중한 자원으로 바라보는 발상의 전환이 필요하다. 음식물쓰레기로 만든 친환경 동물사료와 퇴비의 수요가 많을 경우 그 원료가 되는 음식물쓰레기를 돈 받고 파는 시대가 자연스럽게 도래할지도 모른다. 젊은이들이 회피하는 이 일에 할줌마들이 적극적으로 참여하다면 가족과 사회로부터 존경받을 수 있을 것이다.

출산돌봄 mom

　미혼 남녀를 만나면 나는 그들이 싫어하든 말든 돌직구를 날린다. "왜 결혼 안 해?" 하고 물으면 '자아실현을 위해서' '공부를 더 하려고' '돈이 없어서' '결혼 상대자가 없어서' 등등 나름대로 이유가 많다. 미심쩍어서 꼬리물기 질문을 계속하면 솔직한 답을 얻을 수 있다. 결론은 결혼이 무섭다는 것이다.

　왜 결혼이 무섭냐고 물으니 주변 사람들의 결혼생활이 그다지 행복해 보이지 않는단다. 남자들은 친구들의 아내를 보면 여자가 무섭다고 하고, 여자들은 엄마가 될 자신도 없거니와 살림을 할 줄 모른단다. 혼자 살기도 버거운데 가족을 먹여 살리거나 부모가 되는 일은 상상조차

하기 싫단다.

젊은이들이 결혼을 기피하는 이유 중에 큰 비중을 차지하는 것이 자녀 양육 문제다. 그래서 생각해 본 것이 '출산돌봄 mom'이다. 대부분의 경우 부모가 될 준비를 하지 않고 결혼을 한다. 그렇기 때문에 엄마가 되는 순간부터 허둥지둥한다. 그들을 어머니의 마음으로 돌보는 출산돌봄 mom 제도가 확산되면 젊은이들에게 큰 힘이 되리라 믿는다.

내가 생각하는 출산돌봄 mom 프로젝트는 산모를 일대일로 돌봄으로써 산모의 정신 안정과 모자건강을 지키고 부모 준비를 돕는 '출산돌봄 토털서비스' 개념이다. 임신이 확인되는 시점부터 예비 부모 코칭을 시작해야 한다. 훌륭한 부모가 훌륭한 자녀를 키운다는 것은 불변의 진리다. 특히 어머니의 영향력은 자녀교육에 절대적이다. 아빠도 마찬가지다. 출산돌봄 mom은 예비부모 교육과 출산 후 산모와 아기 건강을 돌보는 원스톱 일자리다.

출산돌봄 mom은 산후조리원의 단점을 보완하는 내용으로 구성하면 좋을 듯하다. 산후조리원의 가격은 천차만별이다. 2주에 적게는 100만원에서 많게는 1,000만원에 이른다. 누구든 좋은 곳에서 산후조리를 하고 싶겠지만 경제 여건상 산후조리원에 가지 못하는 사람들이 훨씬 많다. 그런 산모들을 위해 적은 돈으로 질 높은 산후조리 서비스를 베풀 수 있는 방법을 모색해야 한다.

출장 출산돌봄 mom 서비스 시스템이 그 대안이 될 수 있다. 산모의 집에서 안정된 마음으로 산후조리 서비스를 받는다면 편안한 가운데 안정을 취할 수 있을 것이다. 출산돌봄 mom은 자녀들을 키운 경험이 있는 할줌마들이 맡으면 된다. 다만 요즈음 젊은이들의 자녀교육에 대한 정서를 미리 교육 받을 필요가 있다.

사실 나는 엉터리 할머니다. 사돈댁에서 손자를 키워 주었기 때문이다. 나는 아들에게 적정한 육아 비용을 장모님께 드리라고 충고했다. 누구보다 안전하게 키워주실 게 분명한 장모님에게 정당한 대우를 하는 것은 당연한 일이다. 이 문제를 보편화하는 사회적 공감대 형성이 필요하다.

부모 세대에 육아를 전담하도록 하면 힘들 수 있으니 일주일에 한두 번은 가사도우미를 부르는 배려가 꼭 필요하다. 이는 부모님의 노후복지에도 도움 되는 일이다. 아무리 좋은 일이라도 지치면 피하게 된다. 부모님이 지치지 않도록 세심한 관심을 기울여야 한다.

사정이 여의치 않을 경우 출산돌봄 mom으로부터 조력을 받으면 젊은이들이 출산과 육아에 대한 부담에서 벗어날 수 있을 것이다. 어려서부터 체계적이라는 미명하에 기계적인 교육을 받는 것보다 할머니 손에서 사랑으로 키워진 아이가 인격 형성에 도움이 되는 것은 두말할 필요도 없다.

출산돌봄 mom 일자리 만들기 과정

■ 교육과정

- 부모 인성 교육

- 부부자격증 교육

- 조부모 교육

- 임산부 정신건강관리법

- 산모 건강관리법

- 신생아 케어 방법

- 젊은이 정서 이해하기

■ 출산돌봄 mom 워크숍/체험

- 임산부/남편/양가 부모가 함께 하는 출산돌봄 워크숍

- 어떤 부모/조부모가 될 것인가? 기획안 만들기 및 발표

- 명상 체험

- 기타

■ 출산돌봄 mom 교육결과보고서 제출

- 출산돌봄 mom 교육결과보고서 심사결과에 따른 자격 인증

■ 일자리플랫폼 회원 등록

- 일자리플랫폼 출산돌봄 mom으로 활동자격 부여

이혼관리 코치

나처럼 '이혼'이라는 말을 입에 달고 산 사람도 많지 않을 것 같다. 조금만 지나서 생각하면 아무 일도 아닌데 당시에는 정말 죽고 싶은 마음뿐이었다. 자존심이 상해서 친정 부모나 친구에게 얘기하지 못하고 혼자 몸부림칠 때면 이혼이라는 단어밖에 떠오르는 게 없었다.

남편에게 겁을 주려고 이혼을 요구하면 남편은 꿈쩍도 하지 않았다. 내 말이 먹히지 않으면 가출을 했다. 가출 장소로 적절한 곳은 사찰이다. 조건 없이 밥도 먹여 주고 잠도 재워 준다. 며칠이 지나도 오라 가라 참견하지도 않는다.

집을 나가 사찰에 머물던 때의 일이다. 한번은 스님께서 "부부싸움하고 오셨군요?" 하신다. 갑자기 훅 들어온 질문에 피해갈 수 없어 고개를 끄덕였다. 스님이 또 "남편을 부처님으로 보세요." 하신다. 그 말씀이 도움이 되는 게 아니라 도리어 화를 부추기는 형국인데 스님은 한 발짝 더 나가셨다. "돌아가서 남편에게 삼배를 해 보세요."스님은 마치 나를 놀리는 것 같았다. 일반인이면 맞짱이라고 뜨고 싶은 심정이었다.

일주일 만에 집으로 돌아왔으나 남편은 어디 갔다 왔느냐고 묻지도 않았다. 이런 남편과 싸움을 해 봐야 나만 손해다. 방법을 찾기로 했다. 스님 말씀을 실천해 보기로 했다. 차마 남편 정면에서 절을 할 수가 없어 다른 방으로 가서 남편을 향해 절을 세 번 했다. 세 번의 절은 존경하는 스승님께 드리는 예다. 화가 치밀어 오를 때마다 절을 세 번씩 했다. 희한하게도 절을 하고 나면 남편이 덜 미워 보였다. 절을 하는 동안 흥분게이지가 내려가는 것 같았다.

스스로 화를 다스리는 방법으로 절은 확실히 효과가 있다. 절을 하라고 가르쳐 주신 스님이 나의 이혼을 막은 은인이다. 그 덕분에 이혼을 하지 않았고, 세상을 향해서 당당히 떠들 수 있는 기회를 얻었으니.

어떤 경우에도 무조건 이혼을 하지 말라는 의미는 아니다. 이혼에 앞서 심사숙고하며 갖은 노력을 해보자는 것이다. 자신이 결정한 결혼에 책임을 지는 것이 성숙한 자세이다. 이혼을 하지 않기로 마음먹으면서 이혼에 대한 생각을 정리해 보았다.

이름 하여 '이혼 칠거지악'이다. 다음의 일곱 가지 경우가 아니면 이혼은 욕심이거나 투정이라는 생각이다. '폭행을 당하는 경우, 견딜 수 없을 정도의 인격적인 무시를 지속적으로 당하는 경우, 도벽이 있는 경우, 노름을 하는 경우, 마약을 하는 경우, 알코올중독자인 경우, 고의로 경제 활동을 하지 않는 경우' 등이다.

이혼 칠거지악에도 불구하고 참고 인내하는 배우자야말로 인격자이다. 내가 이혼을 반대하는 가장 큰 이유는 불쌍한 자녀들이 생기지 않기를 바라는 마음에서다. 부모가 이혼하면 자녀들의 고통이 너무 크다. 불가피하게 이혼을 할 경우 자녀들이 충격 받지 않도록 최선의 노력을 기울여야 한다.

요즘처럼 이혼이 많은 세상에는 이혼관리 코치가 꼭 필요하다. 가정을 잘 지킨 사람도, 이혼한 사람도 모두 자격이 있다. 경험이 최고의 공부니까. 특히 인생의 굴곡을 겪은 어머니들이 이혼관리 코치로 활동한다면 좋은 성과를 올릴 것이다.

다만 코치의 자격을 갖추기 위해서는 체계적인 상담교육을 받아야 한다. 나는 오랫동안 이혼 문제에 관심을 갖고 고민해 왔으며 이혼관리 코치 양성을 위해 어떤 교육이 필요한지 연구를 많이 했다.

요즘 황혼 이혼이 유행이라지만 결코 바람직하지 않은 일이다. 황혼 이혼은 아내들이 주로 신청한다고 한다. 이빨 빠진 호랑이 같은 남편에게 이혼을 요구하는 것은 비인간적인 행태이다. 황혼 이혼을 생각하는 어머니들께 이혼관리 코치로 활동할 것을 적극 권한다. 자신이 처한 상황을 다른 사람들의 문제를 통해서 들여다보면 황혼 이혼을 재고하게 될 것이다.

웰다잉 코치

부모님들의 소천을 지켜보면서 죽음이 내 앞으로 한 발짝씩 다가오고 있음을 실감하게 된다. 또한 '내 몸을 내 의지대로 움직이지 못하고 주변에 폐를 끼치면서 생명을 유지하게 되면 어쩌지?' 하는 두려운 생각이 들 때가 있다.

헬렌 니어링이 쓴 〈소박한 밥상〉을 읽으면서 죽음에 관심을 갖게 되었다. 네이버 지식백과에는 헬렌 니어링의 남편인 스콧에 대해 이렇게 기술된 대목이 있다.

스콧은 도시 삶을 청산하고 농촌으로 이주하여 직접 농사를 지으면서 자급자족 생활을 시작했다. 그들은 생활에 필요한 농작물을 키우고 돌집을 직접 짓는 등 생활에 필요한 거의 모든 것들을 스스로 해결했다. 자연과 조화를 이루는 삶을 실천하며 소박하면서도 행복한 삶이 무엇인지를 몸소 보여줌으로 해서 사람들의 의식을 각성시켰다.

스콧은 100세 되던 해에 서서히 음식을 끊음으로써 평온하게, 그리고 의식을 지닌 채 죽음 속으로 발을 내디뎠다. 그에게 죽음이란 다만 성장의 마지막 단계, 자연스러운 생명의 법칙에 지나지 않았다. 그는 평온하고 의미 있게 살아왔듯이 죽음을 앞두고도 그렇게 살고 싶어 했으며 미리 죽음을 계획했다.

그의 목표는 약과 의사 그리고 병원이나 요양소에서 강제로 먹이는 음식들을 멀리하는 것이었다. 백 번째 생일이 되기 몇 주 전부터는 채소와 과일 주스만으로 연명했으며 나중에는 물만 마심으로 해서 자발적으로 죽음에 다가갔다.

2018년부터 연명치료에 대한 법이 시행될 예정이다. 생명은 소중한 것이기에 죽음을 수 일에서 수 주일 정도 앞둔 환자에게만 제한적으로 적용되는 법이다.

시어머니는 세상을 떠나기 전, 중환자실에 2주 정도 입원했었다. 혼수상태에서 물리적인 방법으로 생명을 유지하는 것에 대한 회의감이 들었다. 헬렌 니어링의 〈소박한 밥상〉을 읽고 여러 생각을 하던 터라 죽음에 대한 생각을 정리하게 되었다.

우선 유언장에 '연명의료 의향서'를 미리 작성해 두어야겠다는 생각을 했다. 자식된 도리로 부모의 죽음을 방치하기란 쉽지 않을 것이다. 그래서 유언장에 '연명치료를 받지 않겠다'고 분명하게 밝히는 게 중요하다.

웰다잉의 핵심은 죽음을 거부하지 않고 편안하게 받아들일 수 있도록 마음의 준비를 하는 것이다. 물론 쉬운 일은 아니다. 죽음을 편안하게 맞이하는 마음의 연습을 어떻게 할 것인가? '개똥밭에 굴러도 이승이 낫다'는 말이 있을 정도로 목숨은 소중한데 말이다.

불가에 따르면 사람이 죽어서 다시 인간으로 태어날 확률은 외눈박이 거북이가 백 년에 한번 물 위에 떠올라 큰 바다를 떠다니는 판자 구멍으로 머리를 내미는 것만큼이나 어렵다고 한다. 그렇게 힘들게 태어났으나 죽음을 받아들이기가 쉽지 않겠지만 죽음은 누구도 피할 수 없는 일이다. 인간은 육체와 정신이 공존할 때 의미가 있다. 육체 없는 정신은 귀신이고, 정신 없는 육체는 시체다.

〈소박한 밥상〉에서 스콧은 정신과 육체가 비교적 온전한 상태에서 죽음을 맞이했다. 이는 성인에 가까운 죽음이다. 불가에서 수행을 많이 하신 스님들 가운데 자신의 죽음을 예견하고 꼿꼿하게 앉아서 열반에 드신 분이 있다고 한다.

웰다잉 코치가 할 일은 무엇일까. 주변에 폐를 끼치지 않고 의식이 살아 있는 상태에서 편안한 죽음을 맞이할 수 있는 정신강화훈련이 첫째다. 다음으로 가족들이 고인을 잃은 상실감을 다스릴 수 있도록 마음훈련을 도와야 한다. 또한 이에 수반되는 장례와 제례에 대한 내용으로 구성하면 된다.

코치와 상담에 대해서 살펴보자. 코치는 발전적으로 미래를 준비함으로써 보다 향상된 결과를 얻는 훈련방법이다. 즉 미래지향적 가치를 추구한다. 상담은 일이 발생한 후 사후처리를 하는 수술요법에 비유할 수 있다. 그런 의미에서 웰다잉 코치는 죽음을 미래지향적으로 준비하는 일에 초점을 맞추어야 한다. 웰다잉을 위해서 헬렌 니어링 부부와 같이 노후에는 삶의 터전을 농촌으로 옮기는 것도 좋을 듯하다.

외국에서는 '케어팜' 형태의 농장이 운영되고 있다. 알츠하이머나 치매 환자들을 위한 농장도 있다. '케어팜'에서 마지막 노후를 보내는 것도 웰다잉에 도움이 될 것이다. '웰다잉 코치'는 노인 문제를 노인의 시선에서 관찰한다는 의미에서 할줌마들에게 알맞은 일자리이다.

한국생활관광안내 mom

우리 전통문화에 대해서 얼마나 알고 있는가? 한국인이면서 한국문화에 관해 문외한인 사람들이 의외로 많다. '보는 관광'에서 '체험 관광'으로 관광의 형태가 빠르게 바뀌고 있다. 대한민국은 체험 관광을 위해 얼마나 준비되어 있을까? 안타깝게도 별로 준비되어 있지 않은 것 같다.

대한민국의 관광은 '언제, 어디서, 누가, 무엇을' 정도에 멈춰 있다. 가장 중요한 '왜? 어떻게?'가 빠져 있다. '왜'는 눈에 보이는 현상을 통해 과거를 살피는 일이다. '어떻게'는 과거를 통해 얻은 교훈을 생활에 접목하는 문제다. 그러니까 가장 중요한 부분이 비어 있는 것이다.

체험 관광은 배움과 느낌의 관광이다. 음식을 만들거나 한복 체험을 하더라도 한식의 유래와 기능 그리고 소재와 전통에 대해 설명할 수 있어야 한다. 한복 차림으로 사진 찍고, 음식을 맛보는 정도로는 한국문화를 제대로 알 수 없다.

문화의 핵심이 무엇일까? 문화는 생각이다. 한국인의 생각은 한국문화의 기반이고, 미국인의 생각은 미국문화의 기반이다. 나쁜 생각을 가진 사람은 나쁜 사람이고, 좋은 생각을 가진 사람은 좋은 사람이다.

옛 성현들의 생각과 생활상을 통해 역사를 배우고 유물을 공부하는 가운데 저절로 문화를 습득하게 된다. 고전음악을 듣고 걸작 미술품을 관람하면 작품 속에 녹아 있는 작가들의 정신이 우리의 삶에 스며들어 긍정적인 영향을 미친다.

여행이나 관광도 마찬가지다. 한국의 훌륭한 전통문화를 알리기 위해서 우리 문화를 바로 알아야 한다. 우리의 생활을 지배하는 정신문화의 핵심이 무엇인지 이해하고 학습해서 외국인들에게 소상하게 설명할 수 있어야 한다. 체험문화는 이것을 기반으로 해야 한다. 천편일률적인 지금의 관광안내를 빠른 시일 내에 바꿔야 한다.

'한국생활관광안내 mom'은 이러한 문제를 보완하는 일자리다. 생활문화의 중심에 있는 아줌마들이 나서면 해결될 수 있다. 우리 문화의 맥이 끊어지기 직전이다. 어머니들께서 생활관광안내 mom으로 거듭나 우리 문화의 맥을 잇는 일에 적극 동참해야 한다. 아직 한국에는 공식적인 관광안내 자격제도가 없는 것으로 알고 있다. 생활관광안내 mom이라는 일자리를 통해서 우리의 전통문화도 계승하고 일자리도 창출되기를 바란다.

가족 기업

선진국에서는 지구와 인간이 공존하는 친환경 문화공동체들이 생겨나고 있으며 전환도시라는 형태로 이미 활성화되고 있다. 태양광으로 에너지 문제를 해결하고 빗물을 받아 쓰며 사람과 동물의 오물로 퇴비를 만들어 농사를 짓는다. 자연스럽게 '친환경생활 선순환구조'가 형성되는 것이다.

| 제 5 장 |

가족 기업

anagi k-bnb

스튜어디스 시절에 외국에 나가면 호텔에만 머물러 있었다. 각국의 가정문화를 체험하고 싶었으나 그런 기회를 끝내 갖지 못했다. 한국을 방문하는 외국인들을 볼 때마다 한국 가정과 연결해주고 싶은 마음이 들었다. 아.나.기 창립 후 아줌마들이 국가와 사회를 위해서 할 수 있는 일이 무엇일까, 곰곰이 생각할 때 떠오른 것이 스튜어디스 시절의 아쉬움이었다.

2001년부터 시작한 아.나.기의 첫 번째 공식 활동으로 일명 홈스테이를 시작했다. 한국을 찾는 외국인을 가정에 초대해서 아침식사와 잠자리를 제공하는 '한국가정 문화체험 관광활동'이 그것이다. 아.나.기 산하단체로 (사)아나기코리아비앤비(anagi k-bnb, 이하 케이비앤비)를 설립하여 2002년 한일월드컵대회 등 크고 작은 국가 행사와 민간 활동에 참여했다. 케이비앤비는 어느 분야보다 관심이 큰 일자리다.

이 활동은 비용이 들지 않는다는 장점이 있다. 전문성이 크게 요구되지도 않는다. 어느 정도 소득도 발생한다. 주택의 여유 공간과 유휴 인력만 있으면 누구든지 가능한 공유경제의 대표적인 예다. 내 생각은 크게 빗나가지 않았다. 케이비앤비 활동 소식이 언론에 보도되자 참여하겠다는 사람들이 물밀듯이 몰려들었다. 무려 2,500여 가정이 신청했다. 아.나.기 역량으로 감당이 안 될 정도였다.

다행히 여성가족부와 삼성전자의 도움으로 무사히 사업을 마칠 수 있었다. 하지만 한일월드컵이 끝나고 활동을 지속하는 일이 여의치 않았다. 당시 국내관광이 활성화되지 않은 것도 원인 가운데 하나였다. 한류 영향으로 외국관광객이 몰려오는 지금이 적기다.

케이비앤비 활동을 리모델링하여 새롭게 시작하려고 한다. 케이비앤비 활동은 제 3의 한류가 될 수 있다. 화장품이나 한류스타에서 한발 나아가 한류를 다양화하는 데 한몫을 할 것이다. 아울러 우리나라의 관광산업 발전에도 크게 기여할 수 있을 것으로 생각된다.

세계적으로 인기를 얻고 있는 에어비앤비는 공간만 대여하는 숙박서비스이다. 케이비앤비는 외국인을 한국의 가정에 초대해 가족처럼 생활하면서 우리 가정문화를 오롯이 체험할 수 있는 프로그램이다. 한마디로 경쟁력 있는 생활문화체험관광 프로젝트다. 케이비앤비 활동은 세계 어디에서도 경험하기 힘든 차별화된 관광상품이 될 것이다.

케이비앤비 활동은 한국인의 인정문화를 관광상품화하는 일이다. 외국과 비교하여 풍요롭지 않은 관광자원의 한계를 인적 관광 인프라 구축으로 보완하는 일이기도 하다. 케이비앤비 활동은 한식 세계화에도 도움이 된다. 외국인과 재래시장에서 함께 장을 보고 한식을 직접 만듦으로써 한식을 몸으로 익힐 수 있다. 이는 실질적인 한식 세계화라고 할 수 있다.

케이비앤비의 장점을 좀 더 구체적으로 살펴보면, 첫째, 경력단절 여성이나 베이비부머의 일자리 창출에 기여할 수 있다. 둘째, 집에서 할 수 있어서 투자가 필요 없고 실패할 걱정이 없는 안전한 일자리다. 셋째, 가족들이 서로 협력하는 사이에 화합의 기회가 될 수 있고 가족기업으로 확대해 나갈 수도 있다. 가족 화합은 가정 해체를 예방하는 효과도 있다.

넷째, 자녀들이 외국에 가지 않고도 내 집에서 외국 문화와 외국어 학습의 기회를 얻을 수 있다. 다섯째, 국가 정책에 협조하면서 자긍심을 갖게 된다. 서울시에 의하면 서울과 경기 일원에만 약 2만여 개의 숙박시설이 부족하다고 한다.

여섯째, 일대일 맞춤 서비스를 통해 격조 높은 관광을 제공하면서, 방방곡곡의 관광지를 소개하는 효과가 있다. 일곱째, 서정적인 관광 활동인 만큼 환경 훼손을 예방하는 효과가 있다. 여덟째, 정부 예산 절감 효과가 있다. 숙박시설 신축을 위해 정부예산이 투입되지 않아도 되기 때문이다.

아홉째, 도농간 교류로 6차 산업 발전에 도움이 된다. 열 번째로 눈에 보이지 않는 경제효과가 있다. 그동안의 활동 경험에 의하면 한국 가정에서 홈스테이를 경험한 외국인들은 한국인의 인정문화에 크게 감동받아 한국을 사랑하게 된다. 이는 한국 상품 사랑으로 이어진다. 결론적으로 이 활동은 '다시 찾고 싶은 관광한국'으로 이어진다. 황금알

을 낳는 한국 관광산업 발전
에 크게 일조하는 셈이다.

　　그렇다면 어떤 사람이 케이
비앤비 활동에 참여할 수 있
을까? 참여 조건은 간단하
다. 외국인을 차별하지 않고
알뜰한 마음으로 가족처럼
접대하겠다는 열의와 여분의
방만 있으면 된다. 집이 클 필
요도, 가재도구가 화려할 필
요도 없다. 있는 그대로 꾸미
지 않고 보여주는 것이 진정

| 2011년 1월 20일자 조선일보 30면 |

한 체험이다. 이것이 케이비앤비의 장점이다.

　　다만 가족이 함께 생활하는 집이어야 한다. 홀로 생활하는 단독세대
는 불가능하다. 케이비앤비 활동에 참여하고자 하는 가정은 20시간 이
상 선비교육과 전문교육을 이수할 의무가 있다. 교육을 이수한 가정은
가정방문도 수용해야 한다. 교육과 가정방문은 외국인에게 고품격 서비
스를 제공하기 위한 준비 과정이다. 무슨 일을 하든지 교육이 전제되지
않으면 실패 가능성이 크다.

　　그동안 케이비앤비 활동으로 축적한 경험이 많은 도움이 될 것 같다.
케이비앤비 활동은 아줌마가 아니면 안 된다. 아줌마의 승낙이 없으면
남편이나 자녀가 아무리 활동하고자 해도 불가능하다. 케이비앤비 활동
의 회장은 당연히 아줌마다.

지금은 외국여행이 생활화되어서 크게 염려되지 않지만 활동 초기에는 외국어를 걱정하는 사람들이 적지 않았다. 하지만 한국의 아줌마가 누구인가! 외국어 해결을 위해서 남편이나 자녀들 친구까지 동원하고 그도 안 되면 몸짓발짓으로 해결한다.

외국어 때문에 문제가 되었다는 얘기는 아직 듣지 못했다. 오히려 너무 친절한 것이 문제였다. 게스트가 돌아갈 때 머리 염색까지 해 주고 먹을 것을 너무 많이 주어서 배가 터질 뻔했다는 불평(?)도 있었다. 손해나는 장사를 한 셈이다. 그래도 즐겁단다.

반드시 교육을 하고자 한 이유 중에 과잉친절을 자제시키기 위한 것도 있다. 가재도구를 바꾸거나 이사를 해야 되는 것 아니냐는 질문도 많았다. 그럴 필요는 없다.

케이비앤비 활동을 하면서 여러 차례 감동을 받았다. 독일 청년을 맞아들인 가정의 예다. 독일청년이 양말을 기워서 가지고 온 것을 본 아들이 엄마에게 물었다. "엄마 독일이 잘 사는 나라라면서 그렇지 않은가 봐? 양말을 기워 가지고 왔어요." "아닌데? 잘 사는 나라인데…"

설거지를 할 때도 물을 조금만 틀어서 쓰더라다. 아들이 이를 보고 "엄마 소문만 잘 살지, 진짜는 못 사나봐. 물이 아까워서 잘 못 쓰잖아!" 엄마가 독일 청년을 불러서 자초지종을 묻자 이렇게 답했다. "양말은 할머니께서 기워 주신 것이고, 독일에서는 물을 원래 아껴 써요." 그 말을 듣고 아들이 변했다고 한다.

독일 청년이 돌아간 이후 아들은 더 이상 비싼 운동화나 명품 옷을 사달라고 조르지 않게 되었다. 이 얼마나 소중한 경험인가! 이러한 이야기를 들을 때 아.나.기 활동을 하는 보람을 느낀다.

아.나.기. K-bnb 교육 |

가정어린이집 mom

어린이집에서 아이들이 학대 받는다는 뉴스가 나올 때마다 무거운 책임감을 느낀다. 이 문제의 해결방법이 무엇일까? 고민 끝에 구립이나 시립 가정어린이집이 떠올랐다. 자녀들이 독립해서 나간 뒤 큰 집에 부부만 덩그러니 남은 집이 많다. 이런 집을 가정어린이집으로 활용하면 좋을 것 같다. 잘 되면 저출산 문제 해결에도 도움이 될 것이다.

맞벌이 부부의 고민은 어린이집은 많지만 믿고 맡길 만한 곳이 없다는 점에 있다. 공립어린이집에 들어가기 위해서는 한바탕 전쟁을 치러야 한다. 예산 문제로 공립어린이집을 늘이는 데에는 한계가 있다. 이 두 가지 문제를 동시에 해결할 수 있는 복안을 제시하려 한다. 넓은 집에서 두 부부만 사는 집을 공립가정어린이집으로 활용하는 것을 제도화하는 것이다.

지방자치단체별로 임대 가정을 공모해서 기준에 부합하면 공립어린이집으로 지정하면 된다. 그 다음에 자녀 양육 경험이 풍부한 어머니들을 정부가 지정한 교육기관에서 가정어린이집 mom으로 양성한다. 교육이 끝나면 공립 가정어린이집에 파견하면 된다. 집주인이 가정어린이집 mom으로 활동하면 더욱 바람직하다.

가정어린이집을 주장하는 이유는 유아일수록 세심하게 돌봐야 하기 때문이다. 어린이집이 클 필요는 없다. 적은 수의 유아를 돌보는 것이 보육의 질을 높이는 방법이다. 아파트단지 내에서 가정어린이집이 활성화 될 경우 부모는 안심하고 일할 수 있다. 거리가 가까우니 출근길에 아이를 맡기고 퇴근길에 픽업하는 일이 수월하다.

내가 가정어린이집을 주장하는 이유는 또 있다. 아이들을 기계적으로 키우기보다 사랑으로 키워야 하기 때문이다. 유아교육이 돈벌이 수단으로 전락하는 것은 바람직하지 않다. 아동학대는 이러한 현실을 극명하게 보여주는 예라 하겠다.

1세~6세까지는 아이의 두뇌 발달과 인성 함양에 매우 중요한 시기다. 인성교육이 제대로 되지 않으면 큰 폐해가 생긴다. 학교폭력도 인성교육이 안되어서 일어나는 일이다. 2014년 12월 29일 인성교육진흥법이 세계 최초로 제정되었다. 대한민국의 자녀교육이 그만큼 심각한 상황에 놓여 있음을 의미한다.

인성은 사람의 본성이다. 인간사회에는 도리(道理)가 있다. 도(道)는 사람이 원하든 원하지 않든 자연에 존재하는 질서다. 자연의 질서에 맞게 살아가는 사람을 도리에 맞게 살아간다고 한다.

인간도 자연의 일부이기에 도리에 어긋남이 없게 살아가야 한다. 이를 제대로 가르치는 것이 인성교육이다. 하지만 영어 잘하고 수학문제 잘 푸는 기술자로 만드는 것이 오늘날의 교육이다. 유아기에는 사랑을 듬뿍 받고 성장해야 한다. 사랑을 받고 자라야 사랑을 베풀 수도 있다.

도리를 배우지 못하고 지식기술자로 키워진 사람들이 범죄를 일으킨다. 대한민국은 지식기술자들로 인해 엉망진창이 되어 있다. 도리를 배우지 않았기 때문이다. 엄마들에게 일차적인 책임이 있다. 가정어린이집 mom 제도로 자녀들의 인성을 회복해야 한다. 물론 정부의 정책이 뒷받침 되어야 가능할 것이다.

집밥 mom의 집밥 만들기

요즈음 집밥 재미에 푹 빠져서 외식을 거의 하지 않는다. 외식전문가 백종원 씨가 진행하는 TV 프로그램 '집밥 백선생'덕분이다. 집밥을 열심히 챙기니 가족 건강도 좋아지는 것 같다. 요리는 훌륭한 생활예술이고 과학이라는 생각에 은근 자부심마저 생긴다. 음식 만드는 순서나 식자재 배합은 과학에 가깝다. 음식 만드는 일에 머리를 쓰면 치매 걸릴 염려도 적을 것 같다.

나는 음식에 관심이 적어 요리를 잘하는 편이 아니었다. 의무적으로 음식을 만들곤 했는데 '집밥 백선생' 덕분에 음식 만드는 재미를 톡톡히 보고 있다. 음식을 즐겨 만드는 아줌마들이 집밥으로 돈벌이에 도전하길 권한다. '집밥 mom'도 돈 없이 돈 벌 수 있는 일자리다.

집밥의 대표적인 예로 해독스프를 추천한다. 몸에 좋다는 해독주스를 변형한 버전이다. 매일 먹는 음식은 요리 과정이 간단해야 한다. 해독주스 만드는 과정이 다소 복잡한 듯해서 해독스프로 만들어 봤다.

감자와 양파, 여러 가지 콩 등 익는 데 다소 시간이 걸리는 채소를 적당한 크기로 썰어서 먼저 올리브오일에 달달 볶는다. 어느 정도 익으면 채소 높이만큼 물을 붓고 국물을 우려낸다. 감자가 설컹설컹 익었을 때쯤 물을 추가해서 끓기 시작하면 양배추와 샐러리를 넣는다. 그 다음에 냉장고를 차지하고 있는 브로콜리, 피망, 파프리카, 버섯 등 좋아하는 재료들을 몽땅 넣고 소금으로 간한다. 마지막에 생토마토를 넣고 토마토케첩으로 맛을 낸다.

마지막 채소를 넣고 끓기 시작하면 바로 불을 끈다. 채소를 넣는 순서는 익는 데 시간이 걸리는 순서다. 스프지만 물을 많이 붓지 않고 뻑뻑하게 끓이는 것이 핵심이다. 좀 더 맛을 내려면 멸치육수 등을 사용해도 좋다.

나는 7일분을 한꺼번에 만들어서 냉장고에 넣어 두고 아침밥 대용으로 먹는다. 계란과 바나나 하나를 추가하면 균형 잡힌 식단으로 최고다. 채소스프지만 속이 든든해서 식탐도 줄어들고 과일도 덜 먹게 된다. 2년 가까이 먹었더니 머리가 덜 빠지고 배변도 잘 된다. 독이 빠져서인지 아침에 일어날 때 몸도 가볍다.

얼마 전 '혼술남녀'라는 드라마가 인기리에 방영되었다. 혼밥족(혼자 밥 먹는 사람)이 점점 늘고 있다는 방증이다. 2016년 9월 현재 혼자 사는 가구가 35%에 육박한다. 2인 가구도 21%를 넘는다. 노인 인구가 늘었다고 하지만 1인 가구나 2인 가구의 대부분은 젊은이들이다. 이들은 주로 매식을 하거나 인스턴트 식품을 먹는다. 균형 깨진 식사로 젊은 이들의 건강이 위협 받고 있다.

이 문제를 아줌마 일자리와 연관 지어 생각해 보자. 채소스프 같은 집밥을 어머니의 마음으로 만들어서 따끈따끈할 때 현관문까지 배달하는 '홈메이드 집밥'과 '홈메이드 밑반찬' 사업을 생각해 보자.

사전에 예약을 받아서 조식세트나 브런치, 도시락, 영양죽 등을 만들어서 배달하면 된다. 야쿠르트처럼 구역별로 나눠 주문을 받고 배달하면 좋을 것 같다. 아내는 음식을 만들고 남편이 배달을 하면 효율적일 것이다. 이유식을 잘 만드는 사람들은 이유식을, 효소를 잘 만드는 사람은 효소를 만들면 된다. 집에서 만드는 모든 음식이 가능하다.

더 나아가 파티음식도 만들면 금상첨화일 것이다. 종목을 정해서 전문화함으로써 그 분야의 장인이 되는 것도 좋은 방법이다. 'ooo 이유식' 'ooo 도시락' 'ooo 브런치' 'ooo 밑반찬' 'ooo 파티푸드' 'ooo 연잎밥' 등으로 특화해야 한다. 자연음식전문가 임지호 선생을 모델로 생각하면 좋을 것 같다.

홍보를 지혜롭게 해야 한다. 품목이 각기 다른 사람들끼리 모여서 집밥 공동체를 만들고 앱이나 SNS를 이용해서 홍보하면 된다. 아파트나 사무실이 밀집해 있는 지역을 방문해서 홍보하는 것도 좋은 방법이다.

성실하고 정직하게 만들면 점진적으로 입소문이 날 것이다. 자신이 만든 음식은 반드시 실명제로 해야 한다. 재료 구입 과정과 음식 제조 과정을 동영상으로 제작해서 블로그에 올려 신뢰를 높이는 것도 고려해봄직하다.

집밥 만들기는 아줌마들이 가장 잘할 수 있는 일인 만큼 성공 확률도 높다. 주문 제작이기 때문에 재고도 남지 않는다. '시작은 미미하되 결과는 창대하리라'는 말처럼 작게 시작해서 고객을 점점 늘려간다면 좋은 소득원이 될 것이다. 특별한 작업 공간이나 초기 투자비가 없으므로 손해 볼 일도 없다.

8체질 건강음식 전문가

집밥 mom보다 업그레이드 된 일자리에 대해서 이야기 하려 한다. 나는 좀 무리를 해도 피곤을 느끼지 않는 건강 체질이다. 평소 고기를 즐기지 않는 편이지만 나이 들면서 일부러 고기를 챙겨 먹었다. 마늘까지 듬뿍 곁들여서. 고기를 먹으니 평소 즐기지 않던 커피까지 마시게 되었다.

그런데 고기를 먹기 시작하면서부터 피곤이 엄습했다. 일을 바로바로 해치우는 성격인 내가 일도 자꾸 쌓아 놓게 되었다. 몸이 약해진 것 같아 보약까지 지어먹었다. 그런데 보약을 먹은 이후부터 혀에 백태가 끼고 건강 상태가 점점 더 나빠졌다. 병원에서도 뚜렷한 원인을 모르겠단다.

그러던 차에 연기자 선우용녀 씨를 통해서 체질을 검진하는 병원이 있다는 정보를 들었다. 그녀의 건강도 심각한 수준이었는데 그 병원의 지시대로 식생활을 바꾸면서 건강이 회복되었다고 했다. 절박한 상황이었으므로 그 말을 듣자마자 한걸음에 병원으로 달려갔다. 진맥을 통해 8체질 검사를 받고 침 몇 방 맞는 것으로 끝이었다. 한방병원인데 한약 처방도 하지 않았다. 진료를 마치자 A4 용지 반쪽에 나에게 이로운 음식과 해로운 음식이 적힌 종이를 주었다.

나는 8체질 중에서 '금음체질'이니 체질에 맞는 이로운 음식을 열심히 먹으면 건강할 것이고, 해로운 음식을 즐기면 몸이 나빠지니 알아서 건강관리를 하라고 했다. 예방 의학을 중시하는 것 같아서 신뢰가 생겼다. 진맥 결과를 보니 나에게는 고기와 마늘, 커피와 술이 가장 해로운 음식이었다. 보약도 좋지 않다고 했다. 그런데 그것만 골라서 먹었으니 몸이 좋지 않던 것이다.

나는 선천적으로 에너지가 넘치는 체질이어서 고칼로리 음식은 좋지 않다고 했다. 채소도 뿌리 부분은 해롭기 때문에 이파리 위주로 먹어야 한다. 이를 모르고 좋아하지도 않는 고기를 먹어 건강을 악화시킨 것이었다.

박카스와 활명수만 마셔도 얼굴이 벌개지고 술을 한 모금도 못 마시는 이유도 비로소 알게 되었다. 알코올도 에너지이기 때문에 체질에 맞지 않는다는 것이다. 나에게 가장 좋은 보약은 맹물이란다. 돈 안 드는 인생이니 좋아해야 할 일이다.

내가 그 한의원을 신뢰하는 이유는 건강은 의사가 지켜 주는 것이 아니라 스스로 지켜야 한다는 철학 때문이다. 한약을 처방하지 않고 식이요법으로 스스로 건강을 지키도록 권하는 병원이어서 무한 신뢰가 생겼다. 요즈음 많은 병원들이 환자를 돈벌이 대상으로 생각하고 과잉진료를 하는 것이 문제이다.

아흔이 넘으신 8체질의 창시자 권도원 박사님은 돈이 아닌 환자의 건강을 생각하는 분이다. 이제 연로해서 의술의 손을 떠난 응급환자만 진료하고 일반 환자는 제자들에게 맡긴다고 한다. 권 박사님은 현대사회에서 보기 드문 의인이라 하겠다.

한의원의 지시대로 노력한 결과 나는 지금 아주 건강한 상태를 유지하고 있다. 이 경험을 통해서 음식의 중요성을 절감했다. 한의원에 다녀와 몸이 건강해진 뒤 아줌마들과 8체질을 어떻게 연결하면 될지 생각해 보았다. 아줌마들의 주특기인 음식 만들기를 한 단계 업그레이드 해서 8체질과 연결하여 체질음식전문가로 거듭나면 길이 보일 것 같다. 8체질 음식으로 국민건강에 일조하고 아줌마도 돈을 번다면 일석이조가 아니겠는가. 건강은 모든 사람들의 관심사이기에 그렇다.

나는 틈나는 대로 주변에 이 한의원을 소개하곤 한다. 병원을 소개하는 일은 신중해야 하지만 설사 진맥에 오류가 있다 하더라도 식이요법이기에 위험 부담이 그리 크지 않다. 비용도 1회 진료비 정도 드는데 크게 비싸지 않으니 해볼 만하다. 체질은 바뀌는 것이 아니기에 한 번만 진료를 받으면 된다. 단점이라면 예약이 힘들다는 점이다.

요즈음 젊은이들은 스트레스로 인해 건강에 적신호가 켜진 상태다. 아줌마들이 체질음식을 정성스럽게 만들어서 이들을 돌보면 좋은 결과가 있을 것이다. 8체질 음식을 챙겨 먹기 시작하면서 소신이 생겼다. 좋은 음식과 나쁜 음식, 고급 음식과 천한 음식이 따로 없다는 것을.

각자 체질에 맞는 음식이 좋은 음식이다. 목이 마르면 물을 마시고 싶듯이 내가 지금 먹고 싶은 음식이 내 몸에 좋은 음식이다. 어떤 음식을 먹고 싶다는 것은 몸이 지금 그것이 부족하니 공급해 달라고 신호를 보내는 것이다. 우리의 몸은 과학덩어리다.

반면 방송이나 언론에서 전문가들이 일반적으로 좋다고 소개하는 음식이나 보조식품을 무작정 먹어서는 안 된다. 모든 사람에게 좋다고 해서 나에게도 좋은 것은 아니기 때문이다. 나에게 맞는 음식에 대해 신중하게 생각해 봐야 한다. 물과 공기를 제외하고 누구에게나 좋은 음식이란 없다. 나에게 좋은 음식을 찾고, 남에게 좋은 음식을 만들어 상업화할 방안을 생각해 보자.

특별음식 mom

특별음식 mom은 가정의례에 필요한 음식을 준비하는 전문가다. 결혼 후 가장 힘든 일 중의 하나가 제사를 모시는 일이었다. 엄격한 기준에 맞추어 제사를 모시노라면 스트레스가 머리끝까지 올라오곤 했다. 그러나 피할 수 없는 일이기에 나를 이해시켜야만 했다. 제사를 지내는 이유에 대해 나름대로 해석해 보았다.

인간의 조건은 육체와 영혼이 공존할 때 갖춰진다. 육체만 있으면 시체요, 영혼만 있으면 귀신이다. 귀신은 초인간적인 능력을 발휘한다고 하는데 돌아가신 조상을 제사로나마 잘 위로하지 않으면 후손을 어렵게 할수도 있지 않을까? 물론 말도 안된다고 생각하는 사람들이 많을 것이다. 어쩔 수 없이 제사를 지내야 했기에 생각해 본 일종의 위안이다.

이런 생각을 갖게 된 이후부터 제사 지내는 일이 덜 부담스럽고 훨씬 수월해졌다. 모든 것이 마음의 문제다. 그렇더라도 바쁜 현대인들에게 제사는 버거운 일이 아닐 수 없다. 이 문제를 어떻게 해소할 것인가? 이러한 문제를 극복하고자 제사음식을 업체에 주문하는 것이 트렌드로 자리 잡아가고 있다.

옛날 말씀에 제사를 지낼 때 '냉수 한 그릇도 정성'이라는 말은 후손들이 조상을 기리는 마음을 중요하게 생각했음을 의미한다. 진수성찬이 아니더라도 정성스러운 마음이 우선인데 전적으로 남의 손에 의존하기보다 부담은 덜고 정성은 챙길 수 있는 타협점을 찾아보았다.

그 대안으로 제사음식을 집에서 마련하되 제사음식 전문가를 초청해서 준비하는 방법을 제안한다. 이 과정에서 제주(祭主)는 정성스러운 마음으로 장보기만 하면 된다. 집 주인이 준비한 제수용품으로 제사음식 전문가가 음식을 장만한 뒤 제주가 상차림을 직접 하면 좋을 것 같다.

다음으로 인륜지대사라 할 수 있는 결혼식 음식을 살펴보기로 하자. 결혼식 당일 음식은 예식장에서 해결하지만 이바지 음식은 집에서 준비하는 것이 어떨까 싶다. 업체에 주문하면 정성이 없을뿐더러 천편일률적이어서 받는 사람도 감동이 적다.

결혼 후 시댁에서 이바지 음식에 대한 답례를 보내오셨을 때의 일이다. 얼마나 정성을 들였는지 친정어머니는 음식에 기가 눌렸다고 하셨다. 음식들 가운데 아직도 기억에 생생한 것은 찹쌀로 만든 화전이다.

이바지 음식을 업체에 주문하면 돈은 돈대로 쓰면서 감동은 고사하고 먹을 만한 음식도 별로 없다. 이를 해결하는 방법으로 특별음식 전문가를 초빙해서 함께 준비하면 좋을 것 같다.

폐백음식도 마찬가지다. 결혼 전에 수도요리학원에서 요리를 배울 때 가장 유용하게 사용했던 레시피가 폐백음식이었다. 결혼할 때 폐백음식을 내가 직접 만들었던 것이다.

닭고기 대신 소고기 다짐육에 햄버거 양념을 해서 빈대떡보다 크고 두툼한 사이즈로 케익처럼 3단을 쌓은 다음 그 위에 실에 꿴 대추를 뱅뱅 돌려 만들었다. 후에 시어머니께서 폐백 음식을 어디에서 했느냐고 묻기에 직접 만들었다고 하니 다소 놀라시는 눈치였다. 그 음식을 냉장고에 넣어 두고 고기 조림 등 유용하게 사용하셨다고 한다.

특별음식 mom을 가정에 초청해서 가정의례 음식을 준비할 경우 몇 가지 장점이 있다. 업체에 주문하는 음식과 달리 차별화되고 정성이 담긴 음식을 장만해서 예를 갖출 수 있다는 점이다. 물론 비용도 적게 들어간다.

특별음식 mom은 단순하게 음식만 만드는 것이 아니라 가족의례 전통문화를 전파하는 문화전도사의 역할도 함께 할 수 있는 전문직이다. 진정한 문화인은 외국의 문화를 어설프게 받아들이기에 앞서 우리의 전통문화를 보존하고 발전시켜가는 자세를 가진 사람이 아닐까 한다.

| 아.나.기 회원이 만든 현미 쌀 케익 | | 아.나.기 회원이 만든 화전 |

6차산업 퍼머그리컬처 코치

나는 종종 '먹기 위해서 사는가? 살기 위해서 먹는가?'와 같은 원론적이고도 철부지 같은 생각을 할 때가 있다. 질문 같지 않은 질문으로 들릴지도 모르나 쉽게 답하기 힘든 과제다. 요즘 TV는 음식 프로그램 풍년이다. 아무 생각 없이 TV를 보다 보면 '사람은 먹기 위해서 산다'는 생각이 든다. 음식은 생명 유지에 절대적인 요소다. 따라서 농수산업은 생명산업이다.

이러한 중요성 때문인지 요즈음 6차산업이 유망직종으로 떠오르고 있다. 6차산업은 1차산업인 농수산 생산업과 2차산업인 농수산 가공업, 3차산업인 농수산업관련 서비스업의 통합 개념이다. 1차산업의 기반이 튼튼하지 않으면 2차, 3차산업의 발전을 기대하기 힘들다. 6차산업이 중요한 이유는 이미 세계가 식량전쟁 상황에 돌입했기 때문이다. 이미 식량을 무기화하려는 움직임이 나타나고 있다.

현 시점에서 대한민국은 쌀을 제외하면 식량자급률이 25% 전후에 불과하다. 중국이나 미국 등지에서 식량 수출을 제재할 경우 대한민국은 한 달도 버티기 힘들다. 하지만 이런 생각으로 위기의식을 갖는 사람은 많지 않다. 마트나 재래시장에 가면 먹거리가 넘쳐나니 언제든 손쉽게 구할 수 있을 거라고 생각한다. 이런 안이한 생각은 대단히 위험하다.

이런 중차대한 시점에 농수산업 종사자들이 자신들의 일에 대해 자긍심을 갖지 못하고 있는 것은 안타까운 일이다. 앞으로 '농업=생명'이라는 생각으로 자긍심을 가져도 좋을 듯하다. 다행인 것은 젊은이들이 점차 귀농대열에 참여하고 있다는 점이다.

선진국에서는 지구와 인간이 공존하는 친환경문화공동체들이 생겨나고 있으며 전환도시라는 형태로 이미 활성화되고 있다. 태양광으로 에너지 문제를 해결하고 빗물을 받아 쓰며 사람과 동물의 오물로 퇴비를 만들어 농사를 짓는다. 자연스럽게 친환경생활 선순환구조가 형성되는 것이다.

여기에 더해 나는 한국적인 농촌지속발전가능공동체인 '퍼머그리컬처'를 제안한다. 퍼머그리컬처는 퍼머넌트(permanent: 영구적)와 어그리컬처(agriculture: 농업)의 합성어다. 지속적인 농촌 발전을 위해서 퍼머그리컬처는 대단히 중요한 가치를 지니고 있다. 나는 이것이 대한민국 6차 산업의 모델이 되기를 간절히 희망하고 있다.

퍼머그리컬처가 성공하기 위해서는 교육 문제와 경제적 자립 그리고 문화생활이 보장되어야 한다. 아줌마 그룹이 퍼머그리컬처에 적극 참여하게 되면 대한민국은 선진농업국으로 자리매김할 수 있다. 이 일을 가장 잘 할 수 있는 사람이 바로 아줌마들이기 때문이다. 농경시대에는 힘센 남성들의 역할이 중요했지만 과학영농시대에는 여성농업인들의 역할이 크게 확장되고 있다.

2차산업인 농수산물 가공 분야에도 여성의 일자리가 늘어나고 있다. 김치공장 등이 좋은 예다. 3차산업인 농촌문화체험 현장에도 여성들의 참여가 필수다. 이쯤 되면 6차산업은 여성들의 전문직종이라 해도 좋을 듯하다.

국민들의 생명을 담보할 퍼머그리컬처 공동체를 위해 정부가 적극적으로 나서야 할 때다. 퍼머그리컬처는 농촌 고령화 문제를 해소하는 데에도 결정적인 역할을 하게 될 것이다. 도시인과 젊은이들의 귀농을 돕는 '퍼머그리컬처 코치'의 활약이 기대된다. 퍼머그리컬처 코치는 농촌 여성들에게 안성맞춤인 일자리다.

퍼머그리컬처 공동체는 국가경제발전에 새로운 활력을 불어 넣을 수 있는 기반산업이다. 자녀교육을 중요하게 생각하는 젊은이들은 퍼머그리컬처 공동체에 참여하면 된다. 숲속유치원과 대안학교 등을 연계해서 대학 진학이나 공직 취업 시 가산점수제 등을 도입한다면 생명의 터전이 되는 퍼머그리컬처 공동체 활성화에 많은 도움이 될 것이다.

앞으로 정부 지원이 제도적으로 이루어지고 제반 여건이 형성된다면 대한민국은 친환경 선진농업국으로 거듭나게 될 것이다. 이를 위해서 네덜란드 등 농업선진국들을 끊임없이 연구하고 벤치마킹하는 연구 노력이 필요하다.

만능 하우스테이너

요즘 연예인들의 집을 고스란히 보여주는 TV 다큐멘터리 프로그램들이 인기다. 깔끔하게 잘 정리된 집이 있는가 하면 지저분한 모습이 방송에 그대로 나오는 집들도 적지 않다. 젊은 시절에는 집안을 어지럽히려 해도 가진 물건이 별로 없어서 불가능했다. 그러나 물건으로 넘쳐나는 요즈음은 물건들이 제자리를 찾지 못해 이리저리 나뒹구는 모습을 보게 된다.

2002년, 케이비앤비(anagi k-bnb, 홈스테이 활동) 회원 가정 인증을 위해서 집집마다 방문한 적이 있다. 가는 곳마다 물건들이 어찌나 많은 지 물건에 파묻혀서 발 디딜 틈이 없을 지경이었다. 심지어 아이들 책상 위에 옷을 산더미처럼 쌓아 놓은 집도 있었다. 아이는 책상을 피해 거실 마루에 엎드려서 공부를 하고 있었다.

카드사용 확대정책이 만들어 낸 현상 중의 하나다. 카드는 국민을 빚쟁이로 만드는 데 혁혁한 공을 세웠다. 길거리를 지나다 보면 누가 쓰레기 하나를 버린 자리에 다른 쓰레기들까지 엄청나게 쌓이는 것을 볼 수 있다.

집안을 정리할 때도 마찬가지다. 한 가지 물건이 제자리를 찾지 못하고 널브러지게 되면 다른 것들까지 덩달아 여기저기서 방황하게 된다. 집 안이 쓰레기통으로 변하는 것은 순식간이다. 이렇게 되면 정리를 포기하고 난장판이 된 집에서 피난민처럼 살게 된다. 이렇게 되는 이유는 누구도 집 정리하는 방법을 가르쳐 주지 않았기 때문이다. 이제 정리정돈도 배워야 하는 시대다.

정리정돈의 포인트는 모든 물건을 제자리에 놓는 것에 있다. 물건의 제자리는 사용하기 편한 곳이다. 편한 자리는 일을 해 본 사람만이 찾을 수 있는데 집안일을 한 경험이 별로 없으니 물건 놓을 자리도 모르는 것이다. 남성들이 집을 어지럽히는 이유도 이 때문인데 실상 요즘은 여성도 만만치 않은 형편이다.

'만능 하우스테이너'란 정리정돈을 포함해서 모든 가정관리를 해 주는 사람을 말한다. 재테크나 자녀교육, 건강관리, 인테리어, 부동산 정보, 소비 문제에 이르기까지 집안 경영을 컨설팅하는 것이다.

이를 위해서 각 분야의 전문성이 확보되어야 한다. 한 사람이 다방면으로 전문성을 갖추기에는 어려움이 있으므로 각 분야의 전문가들이 공동으로 활동할 것을 제안한다. 가정마다 필요한 부분이 각기 다르기 때문에 맞춤형 컨설팅이 필요하다.

만능 하우스테이너는 전문교육을 이수한 후 인증을 받은 사람에 한해서 활동하는 것을 원칙으로 한다. 요즘 가정 경영에 대한 두려움으로 결혼을 기피하는 이들이 많은데 만능 하우스테이너 활동은 이러한 젊은 이들에게 결혼할 수 있는 용기를 주는 직업이기도 하다.

● ● ● ● ● ○ ● ●

일자리플랫폼

출산 능력이 없는 인공지능이 아이들을
사랑과 감성으로 보살필 수 있을까? 앞
으로 인공지능이 할 수 없는 분야가 경
쟁력이 있을 것이다.

일자리플랫폼

인재를 적재적소에 배치한다

앞서 3장과 4장 그리고 5장에서는 아줌마들의 삶의 노하우를 활용한 일자리들을 제안하는 데 초점을 맞추었다. 일상생활에 꼭 필요한 일이지만 아직까지 활성화되지 않은 것들 혹은 새로운 일자리 수요를 창출하는 방향으로 기술했다.

그런데 이러한 일자리들이 아줌마들 각자 알아서 해야 하는 것이라면 벼룩시장의 구인구직과 다를 바 없을 것이다. 여기에서 '일자리플랫폼'의 필요성이 생겨난다. 즉, 아줌마 일자리의 수요와 공급을 하나의 플랫폼에서 종합적으로 해결하는 것이다. 기존의 일자리 사이트와 다른 점은 단순한 중개 역할을 넘어 일에 필요한 교육과 자격 취득은 물론, 비포서비스와 애프터서비스까지 함께 이루어진다는 점이다.

가령 출산돌봄 mom을 예로 들어 보자. 기존의 출산도우미들은 일정한 외형적 자격과 교육만 받으면 누구나 할 수 있다. 그러다 보니 사람 잘못 만난 산모는 몸조리는커녕 마음고생만 하는 경우도 부지기수다. 그래도 그 도우미는 얼마든지 다른 곳에서 계속 활동할 수 있다.

그러나 아줌마 일자리플랫폼에서는 인성과 적성검사 등을 통해 정말 그 일을 잘 할 수 있는 사람들을 교육하고 소개한다. 그럼에도 만일 일정 횟수 이상 타당한 컴플레인이 접수되면 그 사람은 더 이상 출산돌봄 mom으로 활동하는 것에 부적격으로 되어 일자리플랫폼 내에서는 같은 일을 할 수 없다. 물론 누구든지 적성에 맞는 다른 일을 찾을 수는 있다. 또한 일자리플랫폼의 파견 직원이 아닌 개인사업자로 일하는 것이므로 사업적인 독립성은 보장된다.

아줌마 일자리장터 펼치기

내가 아줌마 일자리플랫폼의 필요성을 주장하는 것은 아줌마가 할 수 있는 일이 다양하지 않기 때문이다. 양극화로 인해 불만이 많은 지금 아줌마들이 경제활동을 할 수 있다면 사회적으로 좋은 영향을 미칠 것이다.

양극화 문제를 언제까지 비판만 할 것인가. 불평불만보다는 대책을 세우고 실천의지를 다져야 할 때다. 정보화시대에는 정보가 돈이다. 정보를 선점하는 사람이 돈벌이에서 우위를 점할 수 있다. 돈과 힘이 있는 곳으로 고급 정보가 집중될 수밖에 없다. 이러한 현상을 다소나마 완화시키려면 함께 모여 정보를 생산해 내야 한다. 그래서 '아줌마 일자리플랫폼'이 필요하다.

이것은 전국의 뜻 있는 아줌마 개개인이 CEO로 거듭날 수 있는 기회이며 공유경제를 실현하는 일이다. 아줌마들이 경제활동에 쉽게 용기내지 못하는 것은 경제적인 여건과 전문성 결여 때문이다. 이 문제에 어떻게 접근 할 것인가?

세계적인 갑부 마윈 회장의 예를 보자. 그는 온라인 상에 알리바바라는 가게를 차려서 대박을 터뜨렸다. 미국에서 처음 시작된 우버택시(승객을 일반택시와 연결해 주거나 일반인이 자신의 차량으로 운송서비스를 할 수 있도록 모바일 앱을 통해 중개하는 운송 네트워크 서비스)도 인터넷 플랫폼을 활용한 사업이다. 세계적인 글로벌 민박서비스회사인 에어비앤비도 마찬가지다. 그 밖에도 인터넷사업으로 떼돈을 번 사람들은 셀 수 없이 많다.

플랫폼은 본래 기차역이나 지하철에서 많은 사람들이 타고 내리는 승강장을 뜻한다. 역에 모인 사람들은 플랫폼을 통해서 각자의 목적지로 향하게 된다. 아줌마 일자리플랫폼도 이와 같은 원리다. 인터넷 공간에 아줌마 일자리장터를 펼치는 것이다. 플랫폼에 아줌마들이 팔고자 하는 유무형의 여러 가지 일들을 펼쳐 놓으면 필요한 사람들이 이를 사려고 모이게 된다.

백화점에 가면 오만가지 물건들이 다 있다. 이 물건은 백화점에서 직접 만드는 것이 아니다. 백화점은 장소를 제공하고 업체들이 물건을 제작해서 입점한다. 그러나 백화점에 아무 업체나 들어갈 수는 없다. 우리가 백화점에서 판매하는 제품을 믿고 살 수 있는 것은 백화점 자체의 높은 기준을 신뢰하고 있기 때문이다.

아줌마 일자리플랫폼은 인터넷 상에서 백화점 같은 역할을 하는 아줌마 일자리의 최종 판매처이자 소비처다. 공신력과 유명세가 있는 백화점처럼 인터넷상에서 차별화된 일자리 정보를 제공하는 블루오션이다.

인터넷에는 매일 정보가 쏟아진다. 어떤 것이 참된 정보인지 분별하기가 쉽지 않다. 아줌마 일자리플랫폼은 정제되고 진실한 생활정보를 바탕으로 국민생활에 편의를 제공하고자 하는 일이다. 일자리플랫폼이 아줌마들에게 새로운 삶을 제공하게 될 날을 기대한다.

허공과 안방에 차리는 회사

자고 일어나면 새로운 산업들이 등장한다. 얼마 전까지만 해도 디저트는 커피나 과일, 아이스크림이 고작이었다. 요즈음 디저트 전문 레스토랑이 각광을 받으면서 다양한 디저트가 눈길을 끈다. 인간의 욕구는 끝이 없다.

일하기 싫은 욕구는 휴머노이드(humanoid: 인간의 신체 형태를 갖춘 로봇)를 개발하게 했고, 머리 쓰기 싫은 욕구는 인공지능 바둑프로그램 '알파고'를 만들었다. 그 결과 '알파고'는 세계적인 바둑기사 이세

돌을 누르고 승리했다. 향후 세대는 알파고 같은 인공지능과 사람이 경쟁하는 시대가 도래할 것이라고 과학자들은 예측한다.

앞으로 인공지능이 인간의 일자리를 대신해 실업자가 늘어날 거라고들 한다. 하지만 나는 크게 염려하지 않는다. 인간은 기계나 다른 동물과 달리 감성을 가지고 있기 때문이다.

2013년 노벨물리학상을 받은 영국의 이론물리학자 피터 힉스는 지금까지 발견한 물질 중에서 가장 미세한 입자인 '신의 입자(God particle) 힉스'를 발견했다. 하지만 물질의 근본을 이루는 힉스 입자를 조합해서 인간을 만들 수 있을까? 아무리 과학이 발달해도 불가능한 일이다. 이는 지구를 거꾸로 돌리는 것보다 힘든 일일지도 모른다.

콩을 쪼개고 쪼개서 힉스입자까지 분석한 다음 힉스입자를 다시 역순으로 조합해서 콩을 만들었을 경우 그 콩에서 싹을 틔울 수 있을까? 과학에 대해 잘 모르지만 불가능하다고 생각한다. 이것이야말로 신의 영역에 도전하는 일이다.

장황하게 얘기를 늘어 놓은 이유는 인간의 자긍심을 확인하고 싶어서다. 아무리 인공지능이 인간의 영역을 대신한다고 해도 인간 아니면 할 수 없는 일들이 있다. 이러한 관점에서 일자리 창출에 대해 관찰하고자 한다.

휴머노이드나 인공지능이 인간을 창조할 수 있을까? 한마디로 불가능하다. 출산능력이 없는 인공지능이 아이들을 사랑과 감성으로 보살필 수 있을까? 이 또한 불가능하다. 앞으로 인공지능이 할 수 없는 분야가 경쟁력이 있을 것이다.

사람만이 할 수 있는 일은 감성과 정성이 가미되는 분야이다. 예능프로그램인 '미운우리새끼'에서 50세인 가수 김건모가 무료함을 달래고자 스마트폰으로 대화하는 모습을 본 적이 있다. 상대방과 마주 앉아 눈을 보고 표정을 살피며 공감을 해야 진솔한 대화가 오갈 수 있다. 마주 앉아 상대방에게 집중해도 속속들이 감정을 살피기 어려운 법이다.

앞으로 여성시대가 도래할 것이다. 여성의 감성이 인공지능과의 싸움에서 유리하기 때문이다. 아줌마 일자리는 감성을 기반으로 하는 일들이다. 감성으로 하는 일은 별도의 공간이나 장비가 필요하지 않다. 컴퓨터를 놓을 방과 사람만 있으면 된다. 실패 확률도 거의 없다. 반면에 성공할 확률은 비교적 높다. 여성 중심의 일자리에 관심을 가져야 하는 이유가 여기에 있다.

가난한 사람을 위한 은행가

"인간이 달에까지 가는 세상에 어째서 인간의 가난은 사라지지 않는가?" 이 말은 1984년 막사이사이상과 2006년 노벨평화상을 수상한 방글라데시의 무하마드 유누스가 한 말이다.

유누스는 미국에서 경제학 박사 학위를 받고 자신의 고향에서 치타공 대학 교수로 재직하던 1976년에 고리대금업자에게 시달리는 대학 주변의 사람 42명에게 27달러를 빌려준 것을 계기로 '그라민뱅크'를 설립한 사람이다.

어느 날 길을 가던 유누스가 우연히 대나무 의자를 짜고 있는 부녀자들을 보게 되었다. 경제학을 가르치는 사람으로서 호기심이 발동한 그는 의자를 판매해서 남는 이익이 얼마나 되는지 물었다. 부녀자들은 고개를 가로저으며 이익이 남지 않는다고 말했다. 의자를 만들기 위해서는 먼저 재료를 구입해야 하는데 재료비가 없어 고리대금을 빌린 후 높은 이자를 주고 나면 남는 것이 없다는 이야기였다.

처음 한 번만 스스로 재료를 살 수 있다면 그 후에는 이익금으로 재료를 살 수 있으니 악순환의 고리를 끊을 수 있을 터였다. 그러나 당시 방글라데시의 가난한 사람들은 제도권금융에서 소외되어 좀처럼 대출을 받을 수 없는 상태였다.

그들의 생활을 유심히 살펴 본 유누스는 자신의 주머닛돈 27달러를 주어 대나무 재료를 사도록 도왔다. 그 결과 대나무 의자를 만드는 사람들은 이익을 남길 수 있었고 그 이익금의 일부로 다시 재료를 살 수 있는 선순환의 고리를 만들어 낼 수 있었다.

27달러는 대학 교수인 유누스에게는 얼마 안 되는 돈이었지만 누군가에게는 삶을 바꿀 수도 있는 돈이었다. 그 후 유누스는 사람들을 가난으로부터 구제할 방법이 무엇인지 깊이 생각하게 된다.

먼저 그는 부녀자들을 다섯 명씩 묶어서 공동으로 일하도록 하고 이에 필요한 돈을 빌려주기 시작했다. 빌려 준 돈은 팀원이 모두 합심해서 정해진 기일에 상환하도록 의무를 부여했다. 팀원 전체가 상환을 마쳐야 다시 돈을 빌릴 수 있기 때문이다.

유누스의 아이디어 혹은 배려로 인해 부녀자들은 자연스럽게 협동심을 배울 수 있었다. 이런 과정이 반복되면서 사람들은 점차 자립할 수 있는 힘을 갖게 되었고 윤택한 삶을 꾸려나갈 수 있게 되었다. 유누스는 이러한 선순환의 구조를 제도화하기로 결심한다. 이것이 바로 '그라민뱅크'가 탄생하게 된 배경이다.

유누스는 '신용은 모든 인간의 기본적인 권리'라는 신념으로 방글라데시의 극빈자들에게 담보나 보증 없이도 받을 수 있는 소액신용대출을 시작한다. 단순히 돈만 빌려주는 것이 아니라 가난한 사람들이 자립할 수 있도록 교육과 행정지원도 동시에 실시했다. 실패를 최소화하고 성공적인 사업을 지원함으로써 그들이 자립할 수 있도록 돕기 위해서다. 놀랍게도 이러한 무담보대출의 상환율은 98%를 상회했다.

이후 미국을 비롯한 전 세계 60여 나라가 그라민뱅크의 마이크로크레디트 프로그램을 도입하게 되었다. 그러나 안타깝게도 그라민뱅크는 수년 전부터 본래의 뜻과 기능을 잃고 표류하고 있는 상태다. 제도권으로 흡수되면서 소규모 협동조합으로서의 장점을 잃었기 때문이다.

오래 전, 평소 요리를 잘 하며 특히 간장게장을 맛있게 만들기로 유명한 배우가 있었다. 그녀는 주변의 권고에 따라 자신의 이름을 걸고 홈쇼핑에서 게장을 판매하기로 했다. 그러나 기대와 달리 결과는 무참했다. 솜씨는 좋았지만 그녀에게는 제휴사에서 대량으로 생산되는 제품의 품질관리 권한은 없었다. 결국 이름까지 내 건 제품은 우스갯거리로 전락했고 그녀의 명성에도 흠집이 났다.

이 사례를 통해서 보듯이 좋은 의도로 시작한 일이라고 해서 반드시 좋은 결과로 돌아오지는 않는다. 규모의 경제(economy of scale)를 통해 대규모 경영을 하면 이익이 높아진다는 것이 일반적인 경영학 이론이지만 공산품 제조가 아닌 사람의 일에 있어서는 항상 적정 규모를 고민할 필요가 있다.

2009년부터 시행되고 있는 우리나라의 미소금융도 그라민뱅크를 벤치마킹 해서 만들어졌지만 이미 제도권은행처럼 돼버렸다는 불만이 적지 않다. 사람을 소중하게 생각하는 유누스의 초심을 담아 내지 못한 데에도 이유가 있겠지만 규모의 문제도 있었으리라 생각한다.

그라민뱅크의 설립 정신과 몰락 과정을 통해 무엇을 배우고 어떤 일을 해야 할 것인지 생각해 본다. 분명 서민들을 위한 금융은 필요하지만 그것을 소유하고 이익을 향유하려는 자가 생기게 되면 언젠가는 설립 의도를 잃고 소멸할 것이다. 또한 아무리 좋은 의도도 나쁘게 이용될 수 있으므로 부정과 비리가 끼어들 여지를 원천봉쇄해야 한다. 우리 모두가 오랫동안 고민하며 해결해 나가야 할 숙제다.

그라민뱅크의 초심을 선한 방향으로 발전시키며 오랫동안 이어갈 수 있는 '아줌마은행'을 꿈꿔 본다. 어려운 삶의 악순환의 고리를 끊고 서로 꿈꾸며 힘이 되어 줄 수 있는 동반자 같은 은행, 대한민국의 아줌마들이라면 만들어 낼 수 있지 않을까?

아줌마방앗간 프랜차이즈

한국 아줌마들의 특징 중 하나가 수다문화라고 할 수 있다. 찜질방이 호황을 이루는 것도 이러한 생활문화와 무관하지 않을 것이다. 온돌

민족의 욕구를 충족시켜 주고 자유분방하게 앉거나 누워서 맘껏 수다를 떨어도 제재하는 사람이 없다. 먹을 것도 종류별로 다 있다. 불편제로 환경이다.

온라인에도 찜질방 같은 '아줌마방앗간'을 만들면 어떨까 싶다. 이곳에서 살아가는 이야기를 나누면서 일자리 정보도 서로 교환하면 좋을 것 같다. 일에 대한 이야기를 나누는 것은 수다문화를 토론문화로 업그레이드 하는 일이다.

수다가 주제 없는 대화라면 토론은 주제 있는 대화다. 수다는 소모적이지만 토론은 생산적이다. 아줌마방앗간은 참새가 방앗간을 그냥지나치지 못하듯 아줌마들이 오며 가며 들러서 힘들고 어려운 일을 서로 나누면서 삶의 스트레스를 푸는 장소로 활용하면 좋을 듯하다. 이왕이면 소모적인 수다가 아니라 생산적인 일을 도모하면서 말이다

이곳에서 할 수 있는 일은 다양하다. 첫째 일자리 전문교육이다. 둘째 일자리에 대한 정보교환이다. 예를 들어 그라민뱅크를 어떻게 벤치마킹하고 실천할 것인가 등 다양한 의견을 교환할 수 있다.

셋째는 고민 상담이다. 자녀를 어떻게 키울 것인가? 억울한 일을 당했는데 이를 어떻게 극복할 것인가 등 수많은 이야기들이 나올 수 있을 것이다. 생활에서 겪는 여러 가지 어려운 문제를 서로 상담해 주고 치유받는 것도 중요한 일 중의 하나다.

넷째 상품 전시다. 아줌마장인들이 만든 상품을 전시하고 판매하는 일종의 살롱시장의 역할을 할 수도 있을 것이다. 다섯째 인적 교류다. 뜻 있는 사람들이 많이 모이면 자연스럽게 인적 네트워크가 형성된다. 인적 네트워크는 서로의 성공을 도울 수 있는 중요한 요소다.

여섯째 미혼 남녀가 만나서 착한 결혼을 고민하는 장소로 활용해도 좋다. 일곱째 살롱공연과 인문학 강의도 가능하다. 한마디로 아줌마방 앗간은 아줌마들의 생활문화 종합공간이다. 이를 전국적으로 프랜차이 즈 할 경우 대한민국의 생활문화를 업그레이드 하는 데 크게 기여할 것이다.

스페인의 몬드라곤

아줌마 일자리 창출을 위해 가장 현실적이고 바람직한 모델은 '협동 조합'의 형태가 아닐까 싶다. 그라민뱅크의 총재 무하메드 유누스도 처음에는 협동조합으로 시작했다.

간혹 이념에 대해 잘못된 견해를 가진 이들은 협동조합의 바탕에 좌파 이념이 깔려 있다고 말하는 경우가 있다. 협동조합은 자본주의의 한계인 빈부격차의 문제를 다소나마 극복할 수 있는 대안이다. 이를 이념적인 관점에서 편가르기 하는 것은 바람직하지 않다.

세계적인 부호 빌 게이츠는 가진 자들이 솔선수범해서 사회적 약자를 돕는 노블레스 오블리주 정신을 실천하지 않으면 자본주의는 멸망할 것이라고 경고한 바 있다. 빌 게이츠와 워렌 버핏이 함께 설립한 재단은 어려운 이들에게 의료 혜택과 빈곤 퇴치 그리고 교육의 기회를 제공한다. 한국의 재벌 총수들이 감옥에 가지 않기 위한 수단으로 재단을 설립하는 것과는 대비되는 현상이다.

세계에서 가장 성공한 협동조합으로는 스페인의 '몬드라곤'을 들 수 있다. 저널리스트 김경진 씨의 블로그에서 내용을 발췌해 소개한다.

몬드라곤은 스페인의 바스크지방에 있는 세계 최대 규모의 노동자협동조합이다. 몬드라곤의 목표는 고용창출이다. 그냥 일자리가 아니라 양질의 일자리를 보다 많은 사람들에게 제공하는 일이다. 이를 위해서 몬드라곤은 경제성장으로 발생된 이익의 소득분배를 중요하게 생각한다.

협동조합을 유지하는 중요한 이념은 항상 공부하고 토론하며 독단적이지 않고 매사를 민주적으로 진행하는 것이다. 하지만 위기가 없었던 것은 아니다. 1974년 처음으로 파업을 겪으면서 해고라는 극약처방을 했지만 그들을 다시 복직시켰다. 몬드라곤 그룹에는 10대 운영원칙이 있다.

- 1인 1표에 기초해서 조직을 만들고 민주적으로 운영한다.
- 조합원 자격은 누구에게나 있다.
- 노동자에게 최고의결권을 부여한다.
- 자본은 삶을 유지하기 위한 수단이라고 생각한다.
- 노동자도 경영에 참여한다.
- 임금은 균등하게 정한다.
- 모든 조합은 조합 간에 서로 협력한다.
- 지역사회 발전에 기여한다.
- 정의와 평등의 보편적 가치를 확산시킨다.
- 모든 조합원들에게 교육의 기회를 제공한다.

몬드라곤 협동조합 그룹에는 특별 규정도 있다. 조합원이 아니어도 불이익을 크게 받지 않는다. 다만 조합원으로 퇴직하거나 이직할 때는 사회보장협동조합에서 연금이 나온다. 최고임금자의 임금이 최저임금자의 10배를 넘을 수 없다. 그럼에도 훨씬 급여를 많이 주는 곳으로 이직하지 않는 것은 회사를 위해서 일하는 기쁨과 동료애가 있기 때문이다.

몬드라곤의 운영원칙을 한국에 그대로 적용하는 데에는 다소 무리가 있겠지만 우리의 현실에 맞도록 수정보완하면 도움이 되리라 생각한다. 대한민국 아줌마협동조합이 몬드라곤을 능가하는 시대가 올지 누가 알겠는가? 인간은 희망을 양분으로 살아가니까!

아줌마노동조합

국민들에게 노동조합이란 '머리에 붉은 띠를 두르고 하늘을 향해서 주먹질을 하는 집단'으로 인식되는 경향이 적지 않다. 그래서인지 2010년 청년노동조합이 설립되기까지 우여곡절이 적지 않았다. 직장 없는 구직자들이 다수 포함되어 정치적으로 이용될 우려가 있다는 노동부의 반대도 있었다.

나는 노동운동에 대해서는 문외한이다. 그래서 노동운동에 대한 언급이 다소 어색하더라도 넓은 마음으로 이해해 주기를 청한다. 사실 나는 현재 진행되고 있는 노동운동에 대해서는 비판적인 입장이다. 노동조합 설립 목적과 맞지 않는 활동이 적지 않고, 노동조합의 집단이기주의가 도를 넘는 것 아닌가 하는 생각이 들기 때문이다. 한국의 노동운동은 사용자와 노동자라는 이분법적 사고로 인해 노동운동이 지나치게 경직되어 있다. 폭력시위 또한 자주 일어나 국민을 불안하게 한다.

2015년 11월, 민주노총 한상균 위원장이 수배자 신분으로 조계사에 피신한 적이 있다. 조계종 화쟁위원회는 사회적 비판을 감수하면서 한 위원장을 설득한 결과 자수하는 것으로 결론을 냈다. 그러나 한 위원장은 정부의 노동개악 시도를 저지하는 2차 집회 보장을 요구했고, 화쟁위원회가 중심이 되어서 2차 집회를 평화적으로 마칠 수 있었다. 이 일이 평화시위 문화의 중요한 시금석이 되었다는 생각이다.

최순실 게이트와 관련해 몇 십만 명이 운집한 촛불시위가 평화적으로 진행될 수 있었던 데에는 2차 노동집회가 평화적으로 이뤄진 영향도 있을 것이다. 국가가 혼란스러운 상황에서도 평화롭게 진행되는 촛불집회를 보면서 대한민국의 새로운 희망을 보았다.

언젠가 노조위원장과 이야기를 나누면서 노동운동에 대한 나의 생각을 전했었다. 노동조합 활동 방향이 지금과는 다르게 전환되어야 한다는 의견에 그 또한 상당 부분 긍정하는 듯했다. 한국 사회는 집단이기주의로 인해 편 가르기로 분열되고 있다. 이에 대해 노동운동 또한 책임을 면할 수 없다. 노동운동이 국민들에게 설득력을 갖기 위해서는 집단이기주의에서 벗어나 사회공헌활동을 병행해야 한다. 그렇지 않고는 사람들의 공감대를 얻기 힘들 것이다.

기존 노동조합의 문제점이 개선되려면 아줌마노동조합이 설립되어야 한다. 기존 노동운동은 비정규직 문제를 제대로 다루지 않고 있다. 평등을 가장 중요한 가치로 주장하면서도 노동조합이 비정규직 노동자에 대해 관심을 기울이지 않는 것은 어불성설이다. 비정규직이 노동의 사각 지대가 됨으로 해서 비정규직 청년들의 노동권을 보호하고자 청년노동 조합이 별도로 설립된 것이다.

아줌마 노동운동은 비정규직 아줌마들과 전업주부들의 노동권 보호 그리고 사회공헌활동을 목적으로 설립되어야 한다. 우선 청소용역 아줌 마와 대형 마트 등에서 일하는 비정규직 아줌마들의 노동권이 보호되어 야 한다. 이들은 임금과 복지 면에서 정규직과 비교도 되지 않을 만큼 열악한 환경에서 일하고 있다. 일례로 휴식 시간과 휴식 공간조차 제대 로 제공되지 않는다. 근무시간 내내 서 있느라 하지정맥류와 같은 직업 병을 앓는 사람들도 많다.

아줌마노동조합은 사용자와 갈등하기보다 협력하는 방향으로 나 아가야 한다. 노동권을 보호함과 동시에 노동운동의 모범적인 모델을 정립함으로써 국가경제 발전에 도움이 되었으면 한다. 아줌마 일자리플 랫폼에 참여하는 사람들을 중심으로 의무와 권리를 충족하는 모범적 아줌마노동조합이 출범하기를 기대한다.

아.나.기 활동은 광범위하게는 노동운동을 포함하는 시민운동인 동 시에 여성운동의 한 분야라고 할 수 있다. 그러나 이전의 여성운동은 남 성을 대척점에 둔 경향이 없지 않다. 여권신장에 기여한 것은 사실이지만 남녀갈등을 부추기는 데에도 일조했다는 평가 또한 존재하는 것이 현실 이다.

시민운동의 궁극적인 목표는 사회화합과 평화구현이다. 가장 바람직 한 사회운동은 상대방을 배려하는 것에서 시작되어야 한다. 여성운동도 마찬가지다. 남성과 여성을 대척점이 아닌 동반자의 관계에 놓고 화합과 상생을 추구할 때 진정한 가치와 의미를 갖게 될 것이다.

아줌마일자리박람회

아줌마 일자리의 다양성을 확보하는 차원에서 '아줌마일자리박람회'를 개최할 것을 제안한다. 아줌마일자리박람회는 일자리와 관련된 장기자랑 무대로도 함께 활용하면 좋을 것 같다. 빛을 발하지 못하고 숨겨져 있던 아줌마들의 재능과 솜씨를 뽐내는 자리를 마련한다면 박람회를 통해 아줌마들의 일자리를 업그레이드 하는 데에도 중요한 역할을 할 것이다.

인간은 목표가 있어야 발전한다. 시험은 능력을 향상시키는 도구다. 나는 나이 어린 청소년들이 출연하는 SBS 'K팝스타'를 시즌 1~6까지 지켜보고 있다. 감탄을 금할 수 없다. 아줌마일자리박람회가 K팝스타와 같은 역할을 할 수 있다면 어떨까? 갖고 있는 능력을 마음껏 펼쳐보임으로써 아줌마들의 저력을 세상 밖으로 드러낼 수 있는 기회가 필요하다. 분명 대한민국에서 가장 내용이 충실한 박람회로 자리매김할 수 있을 거라고 믿는다.

제 7 장

● ● ● ● ● ● ● ○ ●

아줌마의 아픔과 작은 희망들

한국인이 한국 문화를 잘 이해하지 못하
고 뿌리 없는 삶을 살아가는 것이 늘 안
타깝다. 뿌리 없는 삶은 외국의 문화를
무차별적으로 받아들이는 계기가 되고,
국민들은 정체성의 혼란을 겪게 된다.

아줌마의 아픔과 작은 희망들

아줌마는 나라의 기둥

1999년 7월 김용숙의 책 〈아줌마는 나라의 기둥〉이 세상에 나왔다. 무명의 아줌마에게 감개무량한 일이 아닐 수 없지만 책이 나오기까지 우여곡절이 적지 않았다. 학창시절에는 주위에서 얼굴이 반반하다고 추켜세운 탓에 공부를 안 해도 인생이 공짜로 살아질 것이라는 허황된 믿음을 가졌었다. 그러나 공부를 괴물로 여기고 멀리한 부작용은 살아오는 동안 여기저기서 민낯을 드러냈다.

특히 생각을 말로 전하는 것은 어렵지 않은데 일목요연하게 글로 써 내려가는 일은 참으로 힘들게 느껴졌다. 세금 재판에 이긴 후, 책을 내고픈 마음은 굴뚝같았지만 막연한 상태였다. 글쓰기 원칙도 모르는 채 자유분방하게 쓴 원고를 들고 몇 군데 출판사 문을 두드렸으나 번번이 퇴짜를 맞았다. 포기하지 않고 출판사 문을 두드린 결과 마지막으로 찾았던 김영사에서 책이 출간되었다.

그 때 김영사에서 알뜰살뜰 편집을 도와 직원이 있다. 그녀도 아줌마였다. '이 세상에는 세 종류의 인간이 있다. 남성, 여성 그리고 아줌마' 이것이 그녀의 카피였다. 책을 만들면서 대화를 나누던 그녀의 눈에는 내가 별종으로 보였던 모양이다. 이 카피는 사회적인 공감대를 얻었고, 지금도 방송이나 사회 여기저기서 곧잘 인용되곤 한다. 나뿐만 아니라 대한민국 아줌마들이 본래 별종인 건가 하는 생각마저 든다.

그녀의 첫인상은 사려 깊고 책임감이 강해 보였으나 얼굴에 뭔지 모를 그늘이 있었다. 나중에 안 일이지만 그녀에게는 장애를 가진 자녀로 인한 아픔이 있었다.

그녀는 장애우인 자녀가 차별 받지 않도록 회사를 사직하고 외국으로 잠시 삶의 터전을 옮기기도 했다. 지금은 현역에서 완전히 물러나 자녀와 부모를 돌보는 일에 전념하고 있다. 우수한 여성 인력이 가족을 돌보는 일 때문에 직장을 포기한 안타까운 사례라 하겠다.

지금도 가끔 그녀를 만나서 세상 돌아가는 이야기와 더불어 힘든 아줌마들이 너무 많다는 얘기를 나누곤 한다. 그녀는 아줌마들에게 희망을 줄 수 있는 구체적 대안이 담긴 책이 출간되었으면 좋겠다고 했다. 나는 그 말을 듣고 책에서 쓰려고 했던 내용들을 수정하기로 했다.

그녀의 사례에서 보듯이 가족을 돌보는 문제로 자신의 삶을 포기해야 하는 여성들이 적지 않다. 그녀는 요즘 20여 명의 장애우 부모들과 함께 민관 매치펀드 형식으로 장애우생활공동체를 만들 계획을 세우고 있다. 지방자치단체의 비협조로 인해 어려움을 겪고 있지만 반드시 목표를 달성하겠다는 의지를 불태우고 있다. 그 일을 시작하면서 그녀는 직장생활을 하던 때와 달리 씩씩하고 적극적으로 바뀌어 갔다. 장애우생활공동체를 추진하게 된 배경에는 내 책을 내면서 아줌마의 능력이 무한하다는 것을 자각한 힘도 있다고 했다. 고마운 일이다.

출판사라는 울타리 안에서 비교적 편하게 일 할 때와 달리 지금은 당시에 생각지도 못했던 많은 어려움을 겪고 있다고 한다. 허허벌판에 서 있지만 스스로 해결하지 않으면 안 된다는 절박함이 결연한 의지로 바뀐다는 말도 했다. 장애우 문제는 사회 공동의 숙제인 만큼 좋은 선례를 남기고 싶다고 했다. 장애우는 부모들이 끝까지 돌봐야 하기에 '공동 돌봄'이 반드시 필요하다는 소명의식이 있다는 것이다.

그녀가 생각하는 장애우공동체는 일자리 창출 효과를 비롯한 다양한 장점이 있다. 장애우를 키우는 어머니들은 이미 복지 문제의 전문가들이다. 공동체 내에서 '공동 돌봄'을 하면 효율성이 높아지기 때문에 부모들에게 잉여 시간이 생긴다. 장애 가진 자녀를 돌보는 데 따르는 정신적, 육체적 피로를 줄일 수도 있으며 남는 시간을 활용해 외부 시설의 시간제 복지사로 활동할 수도 있다. 그 수익을 공유한다면 공동체 생활에도 도움이 될 것이다.

나는 한국 어머니들의 능력과 훌륭한 희생정신에 커다란 존경심을 표한다. 언젠가 KBS 예능프로그램 '1박 2일'에서 안중근 의사 편을 방영한 적이 있다. 안중근 의사가 훌륭한 성인으로 성장한 배경에는 훌륭한 어머니가 계셨다는 것을 알 수 있었다. 죽음을 앞둔 아들에게 쓴 마지막 편지에서 어머니는 나라를 위해서 죽음을 선택하라고 말한다.

"어미보다 일찍 가는 것을 불효라 생각한다면 이 어미는 웃음거리가 될 것이니 목숨을 구걸하지 말고 항소를 포기하라. 너는 나라를 위해 죽음에 이른 것이니 딴 맘 먹지 말고 죽어라!"

안중근 의사가 죽음을 두려워하지 않도록 위로하는 어머니의 마지막 편지는 생명에 대한 애착과 죽음에 대한 괴로움을 잊게 할 만큼 결연했다. 편지를 읽는 순간 나도 모르게 눈물이 흘러내렸다. 자식을 뼛속까지 사랑하고 자랑스럽게 여기는 안중근 의사의 어머니는 참으로 장엄했다.

독립군의 심정으로 장애우 복지 문제를 스스로 해결하겠다는 그녀의 희망이 헛되지 않기를 바란다. 아울러 장애우생활공동체 설립에 정부가 적극적으로 나서서 지원해 줄 것을 요청한다. 국가가 해야 할 일을 아줌마들이 먼저 시작하기 때문이다.

내 딸을 부탁합니다

2001년 세종문화회관 국제회의실에서 아.나.기의 첫 번째 공식 활동인 (사)아나기코리아 비앤비 활동 출범식을 하던 날이었다. 70대 부부가 다가오더니 손을 꼭 잡고 "내 딸을 잘 부탁합니다"라고 말하며 머리를 숙였다. 부부는 언론을 통해서 아.나.기 활동과 나에 대해서 관심을 갖게 되었다고 했다.

그때 인연이 되어 그분들의 딸은 거의 5년 동안 아.나.기에서 자원봉사를 했다. 결혼 전 그녀는 5성급 호텔의 사장 비서실에서 근무했던 유능한 직장 여성이었다. 노부부는 회사를 사직하고 결혼한 딸이 집에만 있는 것이 안쓰러워 딸에게 사회활동을 권했던 것이다.

결혼 후 집에만 틀어박힌 채 인생이 이대로 끝나는 것이 아닐까 하는 좌절감에 빠져서 우울증을 경험했던 나도 그녀의 처지가 남의 일 같지 않았다. 동시에 딸의 아픔을 눈치 채고 나에게 딸을 부탁하는 부모님이 한없이 멋있어 보였다.

그녀는 아.나.기에서 근무하던 중에 이혼을 하게 되었다. 사업이 여의치 않자 술과 외도로 그녀를 힘들게 하던 남편은 언제부턴가 가구까지 부수며 행패를 부리기 시작했다. 한번은 집에 들어가니 남편이 칼로 소파 여기저기를 찢어 놓았더란다. 그 모습을 보는 순간 섬뜩해진 그녀는 더 이상 결혼생활을 유지할 수 없어서 집을 나갔다. 하지만 부모님에게 이런 사실을 알릴 수는 없었다.

아내가 가출하자 남편이 아.나.기 사무실로 찾아 왔다. 남편을 만나 보니 아무래도 함께 살기 힘들어 보였다. 나는 재판 경험을 살려 이혼 과정에서 변호사를 선임하지 않고도 홀로 소송할 수 있도록 그녀에게 간단한 도움을 주었다. 이혼이 성립되면서 아이 양육은 엄마가 맡고 양육비는 아버지가 책임지라는 판결을 받았지만, 그녀는 양육비를 한 번도 받지 못했다.

그녀는 이혼 후 생계문제를 해결하기 위해 영어 공부를 해서 학원강사가 되었다. 그녀가 영어에 관심을 갖게 된 것은 아.나.기에서 홈스테이 실무를 맡으면서 영어의 필요성을 느꼈기 때문이라고 한다. 이혼한 여성 누구나 겪어야 하는 생계문제를 뒤늦게 시작한 영어공부로 출구를 찾은 셈이다. 그녀의 아들은 어느덧 훌쩍 자라 군 입대를 앞두고 있다. 그녀에게 재혼할 의사가 있는지 물었더니 굳이 남자를 만날 필요성을 못 느낀다고 말한다.

나는 그녀에게 늘 빚진 마음이다. 함께 고생한 그녀에게 해 준 것이 없기 때문이다. 여성단체에서 일을 하려면 가장 중요한 덕목이 말조심이다. 그녀는 묻는 말에도 대답을 아낄 정도로 입이 무겁고 점잖은 사람이었다.

교육자를 부모로 둔 덕분에 성장기에는 큰 어려움이 없었으나 결혼 후 질곡의 세월을 거쳐 이혼하게 된 뒤에도 남편을 탓하거나 흉보지 않고 모든 것을 자신의 운명으로 받아들인 그녀는 누구보다도 믿음직스러운 사람이다. 아직 그녀의 생각을 확인해 보지는 못했지만, 언젠가 아.나.기의 형편이 좋아지면 다시 한 번 함께 일할 수 있기를 기대해 본다.

남편 기 살리기

2012년 안전행정부 후원으로 '남편 기 살리기' 사업을 종로구청과 함께 진행했다. '남편 기 살리기'는 경제활동에만 전념하는 남편들이 가족과 원만한 유대관계를 유지하지 못한 채 가정에서 설 자리를 잃어가는 현실을 개선하고자 추진한 사업이다.

나는 모든 활동을 하기 전에 반드시 사전교육을 실시한다. 가정에서의 갈등은 소통의 부재에서 오는 까닭에 가족소통교육 시간에 소통 카드를 솔루션으로 활용한다. 내가 활용하는 카드놀이는 가슴에 품고 있는 속내를 솔직하게 토로하게 하는 묘한 기능이 있는 게임이다.

한번은 소통카드놀이를 하던 중에 한 주부가 자신의 이야기를 하면서 울음을 터뜨렸다. 기미가 많이 낀 그녀의 얼굴에서 스트레스가 많다는 것을 엿볼 수 있었다. 나는 교육기간 동안 그녀를 유심히 살펴보았다. 따로 시간을 마련해서 몇 차례 대화도 나누었다. 시간이 지나면서 그녀는 의외로 솔직하게 다가왔고, 정말 하기 힘든 얘기까지 모두 털어 놓기에 이르렀다.

그녀의 친정어머니는 이른바 '작은댁'으로 동네에서 손가락질을 받으면서 살았다고 한다. 상황이 이렇다 보니 말할 수 없는 고통 속에 살아야 했던 어머니는 그 스트레스를 딸에게 퍼붓게 되었다. 그녀는 크게 잘못한 일이 없는데도 매를 맞아가면서 집안의 궂은일은 도맡아 해야만 했다.

어머니 때문에 이유 없이 기가 죽어서 살았던 그녀가 결혼 후에는 별난 시아버지를 만나 혹독한 시집살이를 하게 되었다. 울음을 터뜨린 그날도 시아버지의 시집살이가 너무 심해서 자살을 생각하던 중에 '남편기 살리기'교육 광고를 보고 우연히 참여하게 되었다고 한다. 죽기 전에 혹시나 하는 마음으로 교육에 참석했는데 자신의 속내를 얘기할 기회가 오자 울음보가 터진 것이었다.

학교도 제대로 다니지 못한 그녀는 결혼 후 어려운 환경에서 방송통신대학을 졸업했다. 지적 허기가 원인이 되어 교육이라는 교육은 다 받는다고 했다. 자격증도 열 개 넘게 갖고 있었다.

교육이 끝날 즈음 그녀의 얼굴에서 수심이 점점 옅어져 가는 모습이 보였다. 공개적으로 속내를 털어내고 나니 마음에 담아 두었던 근심이 다 빠져나간 듯 홀가분해졌다고 털어놓았다. 나 혼자만 불행의 구덩이에서 헤매고 있는 줄 알았는데 참석자들의 고민을 함께 들으면서 이 세상에 고민 없는 사람은 없다는 것을 알게 되었다는 것이다.

그때의 인연이 계기가 되어 그녀는 (사)아나기코리아 비앤비의 등기이사가 되었다. 자신감을 회복한 지금은 친정어머니와 시부모 모두 측은한 마음이 들어 더 열심히 모시고 있다.

양가 부모님을 정성스럽게 모시는 그녀는 평소에도 봉사정신이 몸에 배어 있다. 때와 장소를 가리지 않고 궂은 일은 으레 본인의 몫으로 생각한다. 덕분에 가는 곳마다 '인기짱'이다. 양가 부모님이나 가족들도 그녀를 전적으로 의존할 만큼 가족들의 무한 신뢰를 받고 있다.

얼마 전부터 그녀는 새로운 일을 시작했다. 호스피스 교육을 받고 일주일에 한 번씩 서울대학병원에서 자원봉사를 하고 있다. 그녀는 결코 한가한 여성이 아니다. 남편 사업을 돕느라 눈코 뜰 새 없이 바쁘다. 하지만 예전에는 마지못해서 하던 일들이 지금은 기쁨으로 바뀌었다고 한다. 그래서인지 남편 사업도 잘 되고 가족 모두가 행복하다고 한다.

만날 때마다 얼굴이 맑아지고 예뻐지고 있다. 한편으로는 혹여 착한 여자 콤플렉스에 빠진 게 아닌지 염려될 정도다. 지나친 자기희생은 삶을 황폐하게 만들 위험이 있기 때문이다.

고인이 되신 전우익 선생의 저서 〈혼자만 잘 살믄 무슨 재민겨〉의 마지막 자락에 '선을 보호하기 위한 악의 외투가 필요하다'는 내용이 나온다. 선한 마음은 가슴 깊이 고이 간직해 두어야 하지만 그것을 보호하기 위한 다소의 투쟁은 필요하다는 말씀인 듯하다. 공감되는 말씀이다.

선한 사람들이 악한 자들에게 짓밟힌다면 우리가 사는 세상은 악한 사회로 전락할 위험이 크다. 만약 그녀가 너무 힘들어서 참고 참다가 자살을 선택했다면 착함이 무슨 의미가 있었겠는가? 그녀를 볼 때마다 자긍심이 다소 부족한 듯해서 안타까웠는데 이제 당당해진 모습을 보게 되어 기쁘다.

2012년 11월 5일 한국경제 기사 |

남편의 외도

일도 잘하고 마음씨도 고운 사람은 드물다. 하지만 나와 인연을 맺은 사람들 중에는 착하고 일도 잘하는 사람들이 제법 있다. 안타까운 것은 그들을 지속적으로 머물게 할 능력이 나에게 없다는 점이다.

지방 교육을 앞두고 있던 어느 날 일손과 차량이 필요했다. 첫인상이 차분하고 속이 깊어 보이는 한 주부를 소개 받았다. 운전도 잘하고 일도 잘하는 사람이라고 했다. 물론 자원봉사다. 아.나.기는 자원봉사자가 아니었으면 지금쯤 문을 닫았을지도 모른다. 좋은 사람들이 곳곳에 많이 있기에 유지되는 것 같다.

그녀가 나를 돕게 된 동기는 남편의 외도 문제로 가슴앓이를 하던 차에 출구가 필요했기 때문이었다. 자녀들 교육 문제로 그녀가 외국에 가 있는 동안, 기러기 아빠가 된 남편이 회사 여직원과 바람이 났다고 했다. 곁눈질도 하지 않고 오직 가족과 남편을 위해서 자신을 희생해 온 그녀는 배신감에 몸을 가눌 수 없었다. 남편이 자녀들의 유학을 권유한 것도 외도를 위해서가 아니었을까 하는 의심까지 들며 배신감에 치가 떨렸다.

남편의 외도 사실을 알게 된 시댁 식구들도 모두 그녀 편이 되었다. 회사 문제로 남편과 외도녀를 상대로 재판을 하게 되었는데 재판에서 그녀의 변호인이 되어준 사람은 다름 아닌 시댁 친척이었다. 평소에 반듯한 그녀의 성품을 증명하는 일이라 하겠다.

그녀는 이혼을 하겠다고 했지만 내가 보기에 그녀는 이혼할 수 있는 성품이 못 되어 보였다. 화가 나서 말로만 이혼을 주장하는 게 아닌가 싫어 나도 그녀의 이혼에 반대했다. 재혼을 하지 않을 바에는 이혼해 봤자 남편만 더 이롭게 하는 일이 되기 때문이다.

이혼은 남편에게 면죄부를 주고 정당성을 부여해 주는 일이다. 남편과 외도를 한 상대 여자에게 백기를 드는 일이기도 하다. 그녀에게 다른 남자를 만나거나 결혼할 의사가 있는지 묻자 그럴 마음이 없다고 했다. 재혼하지 않을 바에는 굳이 호적정리까지 할 필요가 없을 것 같다고 조언했다. 그녀는 보통 사람과 달리 남편과 다투지도 않고 침묵으로 전쟁을 하고 있다.

얼마 전 SK그룹 최태원 회장의 외도 문제가 사회적으로 커다란 화제가 된 적이 있다. 아내인 노소영 씨가 이성적으로 대처하는 모습이 매우 인상적이었다. 노소영 씨가 남편의 외도 문제에 의연할 수 있었던 것은 남편에게만 의지하지 않고 자신의 일을 열심히 하고 있었기 때문이라고 생각한다.

다행히 그녀의 남편은 이혼 소송과 부부싸움의 와중에도 생활비는 성실하게 주었다고 한다. 하지만 사업 실패로 생활비를 줄 형편이 되지 않자 그녀 또한 아.나.기에서 떠날 수밖에 없었다. 궂은 일을 마다하지 않는 희생정신이 강한 그녀이기에 일자리를 찾는 것이 그리 어렵지는 않았다. 무슨 일이든지 감수할 마음의 각오가 되어 있다면 일자리는 쉽게 구할 수 있다.

그녀는 여러 일을 하던 끝에 지금은 서울시가 운영하는 복지기관에서 조리보조원으로 일하고 있다. 정년이 보장된 직장인이 된 것이다. 지금은 남편의 여자도 그의 곁을 떠났다고 한다. 남편은 두 여인을 모두 잃은 것이다.

두 딸 중 한 명은 엄마를 배신한 아버지와 이혼할 것을 권하고, 다른 한 명은 아버지를 불쌍하게 여긴다고 한다. 외도를 했지만 아버지 편에서서 보살피는 딸이 대견한 생각이 든단다. 아직도 남편을 사랑하고 있다는 증거다. 이렇게 진정으로 남편을 사랑하는 아내를 두고 외도한 남편을 어쩌면 좋을까? 참으로 어리석은 남편들이 많다.

홈스테이너 아줌마

2014년, 양평에서 '아.나.기 홈스테이너' 교육을 하고 지부를 만들었다. '아나기 홈스테이너'는 내가 만들어 낸 말로 가정집에서 홈스테이를 하는 사람들을 뜻한다. 이들 가운데 양평에서 활동하는 사람들이 많다. 서울에서 가까운 양평은 전원생활을 꿈꾸는 사람들의 로망이기도 하다. 강과 산이 어우러져 경치가 좋은데다 무엇보다 서울에서 가까운 것이 강점이다.

양평에 보금자리를 튼 산소 같은 여배우 이영애 씨도 TV에서 양평에 대해 침이 마르도록 칭찬한 적이 있다. 내가 만난 양평의 아.나.기 홈스테이너들도 아름다운 꿈을 안고 살기 좋은 양평에서 전원생활을 시작한 사람들이다. 그런데 시간이 흐를수록 적적하고 사람이 그립더라고 했다. 대부분 50~70대 부부들이니 둘이서 살다가 다투기라도 하면 적막강산이 따로 없다.

교육을 마치고 80여 회원의 가정을 모두 방문했는데 사람을 반기는 그들의 마음이 진정성 있게 다가왔다. 내가 특별히 반가워서가 아니라 사람이 그립다 보니 손님을 정성스럽게 맞이한다는 느낌이었다. 차 대접도 흔한 커피가 아닌 집에서 직접 만든 한방차에 건과나 다식을 곁들여 내 놓았다. 그들은 손님을 맞이할 준비는 되어 있는데 찾는 손님이 많지 않아서 다소 힘들다는 애로사항을 털어놓았다. 관광수요와 공급의 미스매치 현상이라 하겠다.

아.나.기 홈스테이너가 되려는 가정은 특유의 문화체험 프로그램이 있어야 한다. 문화체험 프로그램이 다양할수록 많은 사람들이 찾아오기 때문에 농촌체험 프로그램 등을 개발하도록 독려하고 있다.

한 가정의 예를 소개한다. 아내는 서울에서 잘나가는 한정식 주인이었는데 뇌수술로 죽음의 문턱까지 간 후, 사업을 접고 공기 좋은 양평으로 이주한 경우였다. 남편은 손으로 못하는 일이 없는 사람이었다.

그들은 친환경농법으로 재배한 배추와 무우로 김장체험 프로그램을 기획했다. 된장과 청국장을 만들어서 자급자족하고 일부는 판매도 한다. 항아리로 로스구이 틀을 만들어 돼지고기와 오리, 닭 등 훈제구이 체험도 가능하도록 했는데, 아이들이 매우 좋아하는 프로그램이다.

애초에 뇌수술을 하고 내려왔으니 아픈 아내는 공주처럼 앉아서 말로만 일을 한다. 환자니 그럴 수밖에 없다. 그럼에도 아내는 남편을 원수 덩어리라고 흉보며 살았었다. 하지만 아나기 홈스테이너 활동을 하면서 부부 간에 대화가 많아지고 자연스럽게 금슬도 좋아졌다. 아내의 건강도 몰라보게 좋아졌다. 사람을 자주 접하고 대화를 나누다 보니 자신도 모르게 엔돌핀이 콸콸 쏟아지는 것 같다고 한다.

이 밖에도 양평에는 다양한 사연을 가진 회원들이 많다. 나는 희망이 없는 곳에 희망을 주는 일에서 커다란 기쁨을 느낀다. 일을 진행하다 보면 힘든 일도 많지만 현장에서 변화를 경험할 때마다 보람을 느낀다.

주어진 환경을 잘 다듬고 매만져서 많은 사람들이 열매를 나눌 수 있다면 이것이야말로 의미 있는 일이 아닌가 생각한다. '농촌 하우스테이너'와 '도시 하우스테이너'가 서로 협력하면 도농교류와 농산물 직거래 등 여러 유익한 일들도 많으리라 생각된다.

하우스테이너의 여유

착착 감기는 경상도 사투리가 매력적인 대구 출신의 친척 여동생이 있다. 상대를 기분 좋게 하는 애교까지 겸비한 사랑스런 여인이다. 그런데 이런 여인이 몇 년 전까지만 해도 호된 시집살이와 남편살이를 해야만 했다.

홀로된 시어머니는 치과의사인 아들을 세상에 둘도 없는 훌륭한 인재라고 생각하는 사람이었다. 남편도 어머니 못지않게 완고한 경상도 사나이라서 아내의 외부활동을 탐탁지 않게 여겼다.

남편과 시어머니의 시집살이가 너무 힘들어진 그녀는 한때 이혼까지 생각하다가 교육을 핑계로 아이들과 함께 미국으로 건너갔다. 그곳에서 아이들과 함께 심리학을 공부할 수 있었다.

대학에서 미술을 전공한 그녀는 미술과 심리학을 접목해서 미술치료사가 되기로 결심했다. 50대 중반의 나이에 그녀는 미술치료 박사 과정을 위해서 일주일에 한 번씩 서울을 오르내렸다. 호된 시집살이를 하면서도 마음속에서 꿈틀거리는 에너지를 발산하기 위해 10년 이상을 틈틈이 준비했던 것이다.

드디어 준비해 온 꿈을 실현할 날이 다가왔다. 3년 전부터 그녀는 대구 근교의 청도에 터를 잡고 미술치료연구소와 미술관, 살림집을 겸한 건물을 신축했다. 정원이 아름다운 이곳은 차도 마시고 그림도 관람하고 홈스테이도 가능한 곳이다. 하우스테이너가 되기 위한 준비 또한 저절로 갖춰진 셈이다.

미적 감각이 뛰어난 그녀가 조성한 보금자리를 방문해 보았다. 그녀의 숨겨진 감각과 실력이 여지없이 발휘되어 있었다. 소품 하나 하나에 그녀의 손길이 묻어 있었다. 엄한 시어머니와 남편 밑에서 가족만을 돌보고 살아온 주부가 세상 밖으로 힘차게 문을 열고 나온 순간이었다.

제 2의 삶을 준비하면서 힘든 적도 많았지만 그녀는 행복하다고 했다. 남편의 비서이자 아내로 집안일에 매달리고 자녀 교육에만 헌신했던 시간을 뒤로 하고, 가족들의 전폭적인 지지를 받으면서 사회진출을 실현한 것이다. 아내와 엄마의 잠재능력을 미처 몰랐던 가족들은 아낌없는 지지를 보내며 그녀를 자랑스러워했다고 한다.

처음 그녀의 계획은 힐링이 필요한 사람들에게 도움을 주는 미술치료연구소를 여는 것이었지만 진행 과정에서 일이 점점 커지게 되었다. 그녀는 이제 미술치료 상담전문가와 하우스테이너로 거듭나고 있다. 숨겨진 능력을 다방면으로 끌어 내면서 살아가는 그녀를 유심히 지켜보게 된다.

하우스테이너는 자신의 집을 개방해서 찻집, 파티, 살롱공연, 작은 전시 등 다양한 용도로 사용하게 하는 일이다. 일이 진행될수록 주변의 관심이 많아서 다소 부담스러울 때도 있지만 즐거움이 더 크다고 한다. 집을 여러 가지 용도로 활용하면서 자신이 잘하는 일과 하고 싶은 일을 잘 조합한 사례라고 하겠다.

무엇보다 반가운 것은 사회활동을 반대하던 남편이 병원 일을 마감하면 그곳에서 함께 일해도 괜찮겠다고 했다는 것이다. 바람직한 일이다. 젊어서는 남편의 일을 돕고 나이 들어서는 남편의 쉼터를 만들어 주는 현명한 아내다. 함께 오순도순 하우스테이너로 살아갈 계획을 세우는 부부의 노후가 풍요롭게 느껴진다.

집에서 만드는 웨딩드레스

아.나.기 이사들 중에 집에서 웨딩드레스나 파티복, 유아용 행사복 등을 만드는 주부가 있다. 처녀 때부터 바느질 솜씨가 뛰어났지만 결혼 후에는 바느질 할 일이 없어서 덮어두고 있었다. 그렇게 보통의 아줌마로 살아가던 중에 공무원이던 남편이 갑자기 사업을 하겠다며 대책 없이 사표를 던진 게 아닌가.

아무리 만류해도 소용없었다. 남편이 시작한 사업은 결국 망했고 그 후로도 세 번이나 다른 일에 도전했지만 번번이 실패가 계속됐다. 사업에 망한 뒤로 남편의 폭음과 폭행이 이어지자 고등학생과 대학생인 아이들이 먼저 부모의 이혼을 희망했다. 견디다 못한 그녀는 끝내 남편과 헤어졌다.

요즘은 자녀들이 오히려 부모의 이혼을 원하는 경우가 적지 않다고 하는데, 아무리 부모라도 옳지 못한 일에는 참으면 안 된다는 것이 젊은이들의 생각인 것 같다. 자녀들의 양육을 떠맡아야 했던 그녀는 함께 살아갈 일이 막막했다. '식당에서 설거지라도 해야 하나, 아님 건물 청소를 할까?' 고민하는 와중에 번뜩 떠오른 생각이 있었다. '나는 바느질을 잘하잖아!'

곧바로 동대문 원단시장으로 달려갔다. 원단가게 몇 곳을 돌며 주인에게 미싱사 구하는 업체를 소개해 달라는 부탁과 함께 연락처를 주고 왔다. 2주일쯤 지나 연락이 왔고, 그렇게 웨딩드레스를 만드는 업체에 취직이 되었다.

성실하고 기술이 좋은 그녀는 주인으로부터 두터운 신임을 받았다. 하지만 미싱사 월급만으로는 생계를 유지하기가 힘들었다. 결국 독립을 결심한 그녀는 웨딩업체 사장에게 부탁해서 일감을 받기로 했다.

하청 일을 하는 틈틈이 그녀는 손수 디자인 한 옷을 만들기 시작했다. 엄마는 옷을 만들고 딸은 홈페이지를 만들어서 특수복 대여업을 해보자는 딸의 아이디어 때문이었다. 바느질을 잘 하면서도 그런 생각은 해본 적이 없었는데 딸의 이야기를 듣는 순간 그녀는 눈물이 날 만큼 딸이 기특해 보였다고 한다.

그녀의 딸은 명문대 출신임에도 불구하고 졸업 후에 취직이 안 돼서 아.나.기 자원봉사자로 일 년 가까이 활동한 적이 있다. 젊은 나이에도 어찌나 마음이 곱고 일을 잘하는지 딸 없는 내가 수양딸로 삼고 싶을 만큼 흠이 없는 아가씨였다.

일도 잘하고 얼굴도 예쁜데다 정신도 올곧으니 무엇 하나 버릴 것이 없다. 엄마와 함께 사업을 해본 경험이 있어서인지 일머리를 잡을 줄 알기 때문에 하나를 시키면 둘을 할 줄 안다. 계속해서 자원봉사자로 두기에는 아까운 인재라 생각해서 공공기관 인턴직을 소개했다. 엄마 혼자 손으로 키웠지만 참 잘 자라났다. 엄마 역시 맺고 끊음이 분명하고 성실한 사람이기에 좋은 영향을 많이 받아서 그런 듯싶다.

그녀가 옷 만드는 집을 방문해 봤는데 정말 솜씨가 좋았다. 옷이 예쁘니 장사가 제법 잘되어 월 수입이 평균 500만 원 정도 된다고 한다. 월세에서 전셋집으로 이사하고 어느새 막내까지 대학을 마치게 되었다. 큰 딸도 엄마로부터 독립해서 학원사업을 하고 있다.

이 사례를 통해 나는 기술의 중요성을 새삼 깨닫게 되었다. 기술직은 정년퇴직이 없고 필요로 하는 곳도 많다. 하지만 요즘 젊은이들은 아직까지 기술직을 회피하는 경우가 많은 것 같다. 사농공상의 오랜 관념이 부모세대를 통해 영향을 끼친 때문일 것이다. 의식의 전환이 먼저 이루어져야 할 것 같다.

자녀에게 경제교육을 시켜라

돌이켜 보면 나는 정말 대책 없을 정도로 돈에 대한 개념이 없이 살아 왔다. 부유하게 자란 것도 아닌데 돈의 소중함을 몰랐으며 마음만 먹으면 돈을 벌 수 있다고 믿고 있었다. 이 근거 없는 자신감은 만용이라고밖에 달리 부를 말이 없다. 이것이 큰 문제라는 사실을 깨달은 게 채 20년이 안 된다. 어려서부터 경제교육이 필요하다는 것이 나의 생각이다.

나와 같은 어처구니없는 삶을 살지 않았으면 하는 바람으로 아.나.기에서 교육을 할 때는 가능하면 경제프로그램을 함께 진행한다. 돈을 잘 관리하는 것이 가정평화의 핵심이기 때문이다. 나는 강사를 섭외할 때 지식을 달달 외워서 전달하는 사람은 선택하지 않는다. 지식을 익혀서 나만의 것으로 소화시킨 뒤에 만들어진 지혜를 전달하는 강사를 선택하려고 노력하고, 이런 강사를 찾기 위해서 항상 주위에 안테나를 세우고 있다.

역사 강의로 말한다면 요즈음 많은 국민들이 열광하는 설민석 씨 같은 강사를 선호한다. 역사를 전공한 사람은 많지만, 설민석 씨처럼 강의를 하기 위해서는 역사를 온몸으로 익히지 않으면 불가능하다. 지루한 역사 이야기를 어찌나 맛깔나게 하는지 애들 말로 '빽'이 간다.

설민석 씨처럼 자녀교육과 경제교육을 몸으로 강의하는 강사를 인터넷에서 찾아냈다. 그는 가정에서도 경제교육을 철저하게 실천하고 있었다. 아들과 딸 남매를 둔 그녀는 자녀들에게 용돈을 줄 때 반드시 노동의 대가로 지불한다. 가사 일에 대한 표준값도 대략 정해 두었다.

예를 들어 아빠 구두를 닦으면 500원, 분리수거를 하면 300원, 설거지를 하면 700원 등. 그리고 1만 원 이상의 큰돈이 필요한 경우에는 계획서를 만들어서 부모에게 제출하도록 하고 가족 앞에서 그 돈이 왜 필요한지 프리젠테이션을 하도록 했다. 운동화를 사고 싶으면 이미 신던 것이 있는데 왜 또 다른 운동화가 필요한지 가족들 앞에서 설명하고 이해를 구해야 한다.

부모 역시 집안 살림살이를 구입하거나 필요한 물건을 살 때 같은 절차를 거쳐야 한다. 돈을 쓴 다음에는 돈을 지출한 내용에 대해서 영수증이 첨부된 보고서를 쓰도록 했다. 이렇게 했더니 아이들에게 경제관념이 생겨서 통장에 제법 돈이 쌓이게 되었다고 한다.

젊은 시절 나는 주부로서 가계부를 쓴 기억이 별로 없다. 돈이 있으면 쓰고 없으면 못 쓰면서 주먹구구식으로 살았던 것이다. 이 얼마나 위험한 삶의 방식인가? 나는 이 점을 뼈저리게 후회하고 있다. 내가 현재의 경제적 어려움에 처한 것도 이 때문이 아닌가 한다. 돈의 무서움을 모르고 우습게 여겼기에 젊은이들이 나와 같은 실패를 하지 않도록 도움이 되고 싶다.

음양오행과 중용

회원들을 교육할 때 기본교육에 반드시 포함하는 과목이 있다. 바로 음양오행 강의다. 강의를 맡아 주신 분은 아.나.가 회원인 김현미 님으로, 본래 자녀 양육과 살림살이에만 열심이던 전업주부였다. 그녀는 틈틈이 음양오행 공부를 해서 강사 자격까지 갖추었지만 적극적인 활동에 나서지 않고 있었다. 그래서 내가 먼저 강의 요청을 하게 되었고 이를 계기로 해서 본격적인 인연을 맺게 되었다.

그녀는 강의 이외에도 내가 도움을 요청할 때마다 여러 가지 면에서 기꺼이 도움을 준다. 얼마 전에는 공인중개사 자격시험에도 합격했다. 학구적인 면모를 갖춘 주부이다. 초등학생 자녀를 두고 있는 그녀에게 자녀들의 진로를 선택할 때 음양오행을 참고하는지 물었다. 대답은 "그렇다."였다. 우리 문화의 근간을 이루고 있는 음양오행의 전문가인 김현미 님의 말을 들어 보자.

"자연과 인간의 관계를 음양오행으로 살펴보면 태양은 양이고 달은 음이며 남자는 양이고 여자는 음이다. 낮은 양이요, 밤은 음이고 육체는 양이며 정신은 음이다. 모든 것들이 음양의 조화로 이루어져 있다. 유교에서는 음양사상을 생활 전반에 적용하였는데, 남자는 좌(左), 여자는 우(右)가 본체이므로 절을 할 때 남자는 왼손을 위로, 여자는 오른손을 위로 포갠다. 절을 할 때도 남자는 양이라 홀수이고, 여자는 음이라 짝수로 한다. 기본적인 일배(一拜)를 할 때 남자는 절을 한 번, 여자는 두 번 하게 되는데 짝수는 두 번을 해야 일(一)로 치는 까닭이다. 같은 이유로 해서 대례(大禮) 때 재배(再拜)를 할 경우에도 남자는 절을 두 번, 여자는 네 번을 하게 되는 것이다. 혹시 이를 두고 남녀불평등으로 오해하는 일이 없기를 바란다. 옷을 입을 때도 남성들은 왼쪽 옷섶이 위로 올라오고 여성의 경우는 반대인 것도 음양오행에 기초한 것이다."

김현미 님의 글에서 보듯이 우리 생활 속에는 음양오행 문화가 속속들이 배어 있다. 하지만 한국인으로서 우리 문화의 근간을 이루고 있는 음양오행에 대해 얼마나 알고 있는지 자문하지 않을 수 없다. 한국인이 한국 문화를 잘 이해하지 못하고 뿌리 없는 삶을 살아가는 것이 늘 안타깝다. 뿌리 없는 삶은 외국의 문화를 무차별적으로 받아들이는 계기가 되고, 국민들은 정체성의 혼란을 겪게 된다.

경복궁 근정전도 음양오행 문화에 의해서 지어졌다고 한다. 근정전의 동서남북에 있는 계단의 난간 양쪽에 돌로 만들어진 조각들을 보자. 동쪽 난간에는 용과 뱀이 있고, 남쪽에는 양과 원숭이, 서쪽에는 개와 돼지, 북쪽에는 소와 호랑이가 조각되어 있다. 음양오행 상으로 각각의 동물이 그 방위를 나타내기 때문에 그에 맞게 배치했던 것이다.

음양오행이 중요한 이유는 가장 안정된 상태인 '중용'을 유지하고 안정을 이루기 위해서다. 이것이 자연의 이치이다. 내가 음양오행 강의를 중요하게 생각하는 것은 한국인의 혼을 찾기 위해서다. 한국인의 정체성을 확립하는 것이 선비다운 삶을 영위하는 기본이라는 생각에서다.

방방곡곡의 아줌마들

2000년쯤에 한 여인으로부터 전화를 받았다. "혹시 김용숙 대표님 계세요?" "전데요. 누구신가요?" "철도잡지에 실린 김용숙 대표님의 기사를 읽고 한번 만나 뵙고 싶어서 전화했습니다."

그녀와의 인연은 이렇게 시작되었다. 그녀의 남편은 대기업에 근무하고 있었지만 정년퇴직을 앞두고 있었다. 남편의 정년퇴직을 대비해서 뭔가 새로운 직업을 찾던 중에 잡지에 실린 케이비앤비 활동을 보고 나에게 연락을 해 온 것이다. 고양시에 거주하던 그녀는 2002년 월드컵대회 무렵부터 홈스테이 활동에 적극 참여하게 되었다.

내가 항상 홈스테이 회원가정에 강조하는 점이 있는데, 각 가정별로 전통생활문화를 적극 개발하라는 것이다. 한국문화의 다양성을 확보해서 외국인들에게 다양한 문화체험 기회를 제공하기 위해서다.

그녀는 나의 이러한 제안을 단단히 마음에 새긴 듯 했다. 평생대학원에서 다도를 공부하고 한식요리 전문학원에서 폐백음식 등 한식과 떡에 대한 공부까지 한 것이다. 그 결과 '다찬회(서양의 입식 티파티와 유사한 것으로 한국의 전통 차와 다식을 곁들임)'라는 연회 모임의 전문가가 되었다.

아.나.기에서는 행사가 있을 때면 참석하시는 분들을 위해서 종종 '다찬회'를 준비하는데 그녀는 '다찬회'에 필요한 차를 직접 만들어 온다. 뿐만 아니라 우엉차, 연근차 등 다양한 차를 제조해 백화점에 입점했으며 다도를 가르치는 전통예절원을 만들어 예절강사로도 활동하고 있다. 폐백음식전문가로서 혼례음식을 강의하기도 한다. 지금은 영농조합을 만들어 사업을 점점 확장해 나가고 있다.

그녀는 나를 만나서 용기를 얻었다고 하지만 본인의 강한 의지가 없다면 불가능했을 일이다. 그녀처럼 자신의 일을 할 수 있는 아줌마들이 곳곳에 많이 숨어 있다. 다양한 능력을 가지고 있는 아줌마들을 어떠한 방법으로 사회로 이끌어 낼 것인가 하는 것이 나에게 주어진 책무라는 생각이 든다.

돈 버는 전원 생활

아.나.기 활동을 하면서 방문했던 장소들 가운데 깊은 감동을 받은 곳이 있었다. 전원생활을 꿈꾸는 많은 분들에게 도움이 될 것 같아서 소개하고자 한다.

2014년, 행정안전부의 후원으로 외국인을 위한 anagi k-bnb 가이드북을 만들면서 전국에 있는 유명 관광지도 함께 소개하기로 했다. 작업을 위해서 인터넷을 검색하고 지방자치단체 관광과에 문의해서 정보를 구하기로 했다. 특히 심혈을 기울여 찾은 관광지는 전국에 있는 드라마와 영화촬영지였다. 한국을 방문하는 한류관광객들을 위해서다.

그중 서울에서 가까운 양평에 있는 '더 그림'이라는 장소를 찾게 되었다. 양평에 있는 여러 관광지를 투어 중이었지만 '더 그림'에 간 나는 그만 다음 스케줄을 취소해 버리고 말았다. 그 자리를 뜨고 싶지 않았기 때문이다. 감성이 무딘 탓에 웬만한 일에는 별로 감동받지 않는 나도 '더 그림'을 방문한 이후에는 가끔씩 다시 찾고 싶다는 생각이 든다.

그곳을 좋아하게 된 데에는 주인의 성실함도 한몫 한다. 주인은 60대의 풍채가 자그마한 아저씨로 어떤 면에서는 사장님의 면모와는 거리가 있어 보이기도 한다. 내가 그곳에 갈 때마다 늘 작업복을 입고 밀짚 모자를 쓴 채 머슴처럼 일만 하는 분으로 늘상 겸손이 몸에 배어 있다. 덕분에 1,000여 평 정도 되는 찻집의 넓은 정원 구석구석이 잘 정리되어 있다. 나무와 작은 연못, 평상과 잘 가꾸어진 정원, 모두가 사장님의 손 끝에서 태어난 예술작품이다.

　미적 감각과는 다소 거리가 있어 보이는 사장님을 통해 나의 고정관 념은 확 깨졌다. 궁금한 마음에 사장님과 차를 마시면서 호구조사에 들 어갔다. 찻집 본채에서는 살림을 하고, 아래채 두 개는 영업장으로 활용 한다고 한다. 땅을 구입한 것은 20년쯤 전으로 근처에는 딸이 관리하 는 생활소품 매장도 있다. 간혹 열 살쯤 돼 보이는 손자가 매표소에서 입장권을 팔 때도 있다. 아들은 안에서 차를 만들어 내오는데 그 또한 순박하고 친절하다.

　입소문이 나면서 이곳은 각종 드라마와 CF를 비롯한 영화촬영지로 각광 받고 있다. 그 영향으로 한류관광객이 평일에도 많이 찾는다고 한 다. 무작정 전원생활을 동경해서 시골로 내려가기보다는 계획을 세워서 수익사업을 구상한 다음 전원생활을 선택하는 것이 노후를 안락하게 보낼 수 있는 길이다. 그런 까닭에 모범적인 전원생활의 모델로 '더 그 림'을 소개하고 싶은 것이다. 이곳은 밀짚모자를 쓴 머슴 사장님의 피와 땀으로 일군 명소라고 할 수 있다.

강의 중인 김용숙 대표 |

진짜 문화인이 되어라

스스로를 소중하게 생각하고 아껴야만
가족과 이웃도 배려할 수 있는 힘이 생
긴다. 이러한 마음은 자연을 배려하는
포용력으로 확장된다. 자연을 배려하는
것은 모든 생명을 사랑하는 마음이다.

진짜 문화인이 되어라

내 마음 살림살이

가끔 내가 불평분자가 아닌가 생각될 때가 있다. 정치권을 보면 머리 끝까지 화가 치밀고, 위선적인 지식인이나 천박한 상류층을 보면 뱃속 깊은 곳에서 구역질이 올라온다. 종교인에 대한 실망으로 누구를 믿고 살아야 하나 하는 외로움이 엄습한다. 가족과 집안 살림을 챙기듯 시끄러운 마음속을 잘 다스릴 수 있는 마음 살림살이는 없을까?

우선 정치를 생각해 본다. 국민을 실망시키는 대통령과 국회의원을 누가 선출했는가? 바로 우리가, 내가 선출한 사람들이다. 사람을 바르게 볼 수 있는 마음 살림살이를 제대로 하지 못한 내 탓이다.

말 하는데는 노력도 필요 없고 밑천도 들지 않으니 정치인들은 밑져야 본전이라는 심산으로 아무 말이나 내뱉는다. 아무 말이나 쉽게 해도 국민들은 잘 속아준다. 정치인들의 번드르르한 말에 매번 속으면서도 으레 그러려니 하고 눈을 감는다. 그리고는 정치를 외면한다.

이렇게 되면 곤란하다. 눈을 부릅뜨고 국민을 속이는 정치인을 솎아내야 한다. 앞으로는 귀를 막고 눈으로만 보자. 공짜로 돈을 나누어 주겠다는 정치인을 믿지 말아야 한다. 이는 국민의 세금으로 권력을 사겠다는 사기행각에 가깝기 때문이다.

우리들의 삶 자체가 정치라는 사실도 잊지 말자. 부부싸움을 하는 것도 서로가 주도권을 쥐겠다는 일종의 정치 행위다. 자녀들이 학교에서 반장을 하면 자랑스러운 것도 정치적인 사고방식이다. 행사에 참여해서 귀빈으로 소개받으면 기분 좋은 것도 같은 맥락이다. 그러면서 정치에 관심이 없다고 말하는 것은 모순이다.

종교도 똑바로 믿어야 한다. 종교에서 가장 중요한 것은 기도다. '기도를 왜 하는 거지?' '기도를 어떻게 해야 하는 거지?' 기도하는 방법도 잘 모르겠고 기도가 효험이 있나 하는 의심이 들기도 할 것이다. 의심이 많다보니 기도가 제대로 되지 않는다.

기도는 마음속으로 하는 것보다 말로 하는 것이 효과가 크다고 한다. 정확한 말인지는 모르겠으나 만일 그렇다면 에너지 파동과 관계 있다고 생각된다.

예를 들어 시끄러운 곳에서 친구를 부를 때 한 번 불러서 못 들으면 두 번, 세 번 불러서 알아듣게 하는 것처럼 하느님이나 부처님을 한 번만 부르는 것보다 여러 번 부르고 매달리다 보면 혹시 소원을 들어 줄 확률이 높아지는 것은 아닐까? 매일같이 지극정성으로 기도하다 보면 입에서 많은 에너지가 허공으로 방출되어 그것이 절대자에게 전달되는 순간 소원이 이루어지는 것은 아닐까?

그렇다면 내 기도를 성직자에게 의뢰하는 것이 적절한 일일까 생각해 본다. 말을 물가에 데려가도 정작 말이 물을 먹지 않으면 소용이 없다. 성직자는 기도에 입문하는 안내자 역할을 할 수는 있어도 기도를 대신해 줄 수는 없다. 기도는 본인 스스로 해야 한다는 생각이다. 정해진 시간뿐만 아니라 기도가 생활화되어야 한다.

기도의 생활화는 매사에 마음 살림살이를 잘하는 것과 일맥상통한다. 매사에 옳고 그름을 잘 판단해서 옳은 일을 꾸준히 실천해 가는 것이 진정한 기도가 아닐는지. 이것이 쌓이다 보면 좋은 사람이라는 평가를 받게 될 것이고 이렇듯 인정 받는 사람은 성공할 가능성이 큰 것이 기도의 의미라고 생각한다. 스스로의 노력 없이 성직자에게 기도를 맡기고 복 받기 원하는 것은 돈 주고 복을 사려는 것이다. 절대자가 있다면 과연 이런 사람들의 소원을 받아 줄까?

이렇게 생각하니 주변에 의존할 일이 확 줄어드는 것 같다. 의존하는 마음은 약한 마음이다. 약한 마음은 상처 받기 쉽고 상처는 불행으로 이어진다. 내 마음의 주인이 되어서 마음 살림살이와 행동거지를 잘 살피는 것이 진정으로 나를 사랑하는 마음이 아닐까 한다.

아줌마 예술단

나는 아직도 연기자협회 수첩에 등재되어 있는 개점휴업 상태의 연기자다. 자의 반 타의 반으로 연기자의 길을 포기해서인지 아직까지 미련을 버리지 못하고 있다. 아마도 마음껏 끼를 발산하지 못했기 때문인 듯하다.

연예인이라는 직업은 피드백 효과가 뛰어난 직업이다. 결과물이 바로바로 나오고 행동 하나하나에 즉각적인 반응이 일어난다. 사람들의 시선도 받게 된다. 다른 사람보다 돋보이길 원하는 사람에게는 욕망을 충족하기에 안성맞춤인 직업이다.

그런데 연예인이라고 해서 반드시 그 분야에 눈부신 재능을 가지고 있는 것은 아니다. 확실한 목표를 가지고 성공한 케이스도 있지만 인연이 닿아서 우연한 기회에 연예인이 되는 경우도 적지 않다.

반면 능력과 끼는 있는데 여러 가지 이유로 꿈을 펼치지 못한 사람들도 많다. 노래방에서 가수 뺨치는 수준급의 가창실력을 뽐내는 이들을 수없이 많이 보았다. K-POP이 세계를 휩쓸고 있는 게 우연이 아닌 것이다. 민속학을 전공한 모 학자는 한국인에게는 '무당의 끼'가 있다고 설파한다. 부정적인 의미에서가 아니라 한국인의 우수성을 설명하고자 하는 말이다.

NGO 단체의 재정 자립을 위해서 여러 가지 실험을 하고 있는데 그중 하나가 기금마련패션쇼다. 패션쇼는 전문 모델만 하는 것이라는 고정관념을 깨기 위해 일반인 아줌마 모델을 기용한다. 2005년, 연예인들과 사회 저명인사들과 함께 아줌마들이 모델로 참여하는 '모자빈곤투병가

정돕기 자선패션쇼'를 하얏트 호텔에서 개최한 적이 있다.

결과는 대성공이었다. 무대에 처음 서는 아줌마들이었지만 서너 시간 워킹 연습만 하고 무대에 올랐는데도, 가족과 대중 앞에서 놀랄 만큼 당당하고 멋지게 책임을 완수해 냈다. 무대 위의 아줌마들은 물고기가 물을 만난 듯 즐거워했다. 그때 평범한 아줌마들의 가슴속에도 연예인의 끼가 용솟음치고 있음을 알았다.

그날 이후 아줌마 예술단을 조직해야 한다는 의무감이 생겼다. 가사일을 돕는 가전제품들이 발달하고 생활 수준이 높아지면서 주부들의 가사 부담이 대폭 줄고 여가 시간이 늘어났다. 그런데 갑자기 늘어난 시간을 활용할 수 있는 마음의 준비는 되어 있지 않다.

주부들의 여가가 늘어난 것이 오히려 가정의 위기를 초래하는 경우도 있다. 주부들 사이에서 애인이 없으면 대화에 낄 수 없다는 얘기들이 오간다고 한다. 최근 방영된 드라마 '아내가 바람을 핍니다'는 기혼 여성들의 외도 문제를 다룬 드라마이다. 드라마는 시대상을 반영한다. 어느덧 외도가 남성만의 문제가 아닌 남녀 공통의 문제가 되어 버린 것이다.

아내들의 외도로 대한민국 가정이 흔들리고 있다. 남편이 외도하는 경우 아내가 가정을 굳건히 지키면 그 집안은 유지되지만, 반대의 경우는 대부분 가정이 깨진다. 이것이 여성의 힘이다. 아내의 외도는 '지진'에 비유할 수 있다. 땅에 지진이 일어나면 모든 것이 파괴된다. 남자는 하늘에 비유하고 여자를 땅에 비유하는 것은 땅이 모든 생명을 키워내고 유지시키기 때문이다. 이는 자연의 섭리다.

나는 '아줌마헌장'말미에 '목표가 없으면 타락한다'는 조항을 집어 넣었다. 아줌마들에게 삶의 목표가 분명해야 한다는 의미이다. 아줌마 예술단은 가슴에 품고 있는 끼와 열정을 건전한 방향으로 분출시킬 수 있는 프로그램이다. 또한 아줌마들을 문화 소비자에서 문화 생산자로 거듭나게 하는 일이기도 하다.

아줌마들의 능력이라면 아줌마 예술단이 한국을 대표하는 예술 단체로 발전할 수도 있다고 본다. 나는 그 가능성을 패션쇼를 통해서 확인할 수 있었다. 오디션을 통해서 합창단, 뮤지컬, 연극, 연주, 무용 등 다양한 분야의 예술 활동에 참여하고 싶은 사람들을 선발하고, 그들 스스로 예술단을 꾸려간다면 가정의 위기도 행복으로 탈바꿈할 수 있지 않을까?

가족복지를 실천하는 아줌마

나이가 들어갈수록 노후 문제 걱정이 커진다. 친정어머니를 모시고 살다보니 노인들의 삶에 대해서 여러 가지 생각을 하게 된다. 노모는 올해 93세로 치매 경계선에 있다. 특별히 몸이 불편한 곳은 없지만 정신을 놓으면 어쩌나 해서 항상 마음을 졸인다. 가족들 모르게 밖에 나가서 길을 잃기라도 할까 걱정도 크다.

몸이 건강한 분이 정신을 놓게 되면 문제는 간단하지 않다. 아직까지는 가족을 알아보지만 이따금 대소변 조절이 안 되는 걸 보면 언제 증세가 악화될까 싶어 불안해진다. 그래서 요즘은 노모를 임상실험 하는 마음으로 돌본다.

나는 부모님께 무조건 잘하는 것이 효도라고 생각하지 않는다. 치매 진행을 조금이라도 늦춰보려는 마음에서 노모가 스스로 할 수 있는 일은 직접 하도록 보살핀다.

그러다 보면 가끔은 노모가 어리광을 부릴 때도 있다. 평소 잘 하다가도 이유 없이 식사를 거부하고 버티기를 하는 것이다. 이런 때일수록 냉정하게 대처해야 한다 싶어 스스로 식탁에 와서 앉을 때까지 기다린다. 나이가 들면 참을성이 약해지는지 노모는 오래 버티지 못하고 바로 식탁으로 오신다.

옷을 갈아입을 때에도 옷만 챙겨드릴 뿐 입혀드리지는 않는다. 식사도 더러는 음식을 만들어서 냉장고에 넣어 두고 스스로 챙겨 드시도록 한다. 노모가 스스로 머리를 쓰도록 하는 방법이다. 이렇게 하니 치매가 더 이상 진행되지 않았다. 5~6년 전부터 복용하던 치매 약을 끊었다. 노모를 돌보는 일은 아이들의 독립심을 키워주는 교육방법과 크게 다르지 않은 것 같다.

2년 전, 방에서 넘어진 노모의 대소변을 한 달 넘게 받아 낸 적이 있다. 정말 쉽지 않았다. 냄새도 문제였지만 '더럽다'는 선입견 때문에 더욱 힘들었다. 처음에는 서툴러서 여기저기 묻히고 난리를 피웠지만, 몇 번을 반복하다 보니 요령이 생겼다.

일회용 장갑을 끼고 물티슈로 닦은 다음 비닐봉지에 담아서 입구를 꽁꽁 봉하고 쓰레기 봉투에 담아 베란다에 내놓으면 된다. 이렇게 하니 출퇴근하면서 병상의 노모를 돌보는 것이 가능했다. 아침에 기저귀를 갈아 드리고 아침 식사를 드시게 한 후, 점심은 빵이나 간식거리와 함께 물통에 빨대를 꽂아서 머리맡에 놓아 두면 알아서 드신다. 저녁에 돌아와서는 아침에 했던 일을 반복한다.

책을 쓰고 있는 요즘도 대소변 수발을 하고 있다. 탈취를 위해 친환경 방향제를 직접 만들어 보았다. 처녀 시절부터 가지고 있던 향수와 소독용 알코올, 구연산, 증류수 등을 섞었더니 제법 그럴듯한 친환경 방향제가 만들어졌다. 향수를 빼고는 약국에서 쉽게 구할 수 있는 재료들이다.

노모를 돌보는 게 쉽지 않은 일이라 요양원도 고려해 보았지만 힘들어도 내 눈 앞에 계시는 게 마음이 편할 듯하다. 가끔은 짜증 날 때도 있지만 근본적으로 싫은 마음이 없어서인지 짜증은 이내 사라진다. 피붙이란 참으로 무서운 존재인 듯하다. 의무감이 아닌 정으로 모실 수 있으니 말이다.

나는 아들이 부모님을 모셔야 한다는 고정관념을 깨고 딸이 모시는 사회분위기가 조성됐으면 한다. '부모님 딸이 모시기 운동'이라고나 할까? 여권이 향상된 현대사회는 시댁이나 남편 눈치를 크게 살피지 않아도 되기 때문에 본인만 원한다면 큰 어려움이 없을 것이다.

여성인 딸은 측은지심과 정이 많기 때문에 부모님을 가장 잘 돌볼 수 있는 가족이다. 물론 아들만 있는 경우는 가족들의 합의가 필요하겠지만 대체로 며느리보다 딸이 부모를 보살피는 사회문화가 정착된다면 가족끼리 서로 돌보는 '가족복지'가 가능할 것 같다.

나는 노모에게 효도하겠다는 생각을 마음에서 지워버렸다. 효도를 해야 한다는 부담이 오히려 걸림돌이 될 것 같아서다. 부모님 모시는 일을 물 흐르듯 편안하게 생각해야 지치지 않는다. 부모를 돌보는 일이 자신들의 노후를 위해 적금을 붓는 일이라고 생각하면 편하다.

가족복지를 위해 정부에 요청하고 싶은 일이 있다. '효도법'을 제정하여 자녀들의 인성교육까지 자연스럽게 이루어지도록 하자는 것이다. 부모님을 모시고 사는 가정의 자녀가 입학하거나 취업할 때 가산점을 주면 가족복지가 활성화 될 수 있을 것이다. 할머니 할아버지를 모시고 사는 부모를 보면서 자녀들 또한 행동으로 효를 배울 수 있을 뿐만 아니라 국가복지 예산도 획기적으로 줄일 수 있는 정책이라는 생각이다.

우선 젊은이들에게 신의 직장으로 통하는 공무원 채용부터 시행해보기를 권한다. 공무원 채용 시 효를 실천하는 가정의 자녀들에게 우선권을 준다면 인성교육이 몸에 밴 사람들이 공직에 진출할 확률이 높아진다. 이런 젊은이들은 훌륭한 공직자로서 국민들의 충복이 되는 데에도 많은 도움이 될 것이다.

가족끼리 서로 돌보면 삶의 질을 높일 수 있는 계기도 되고 복지예산도 줄일 수 있다. 대한민국의 대가족제도는 세계에 자랑할 만한 미풍양속이다. 심성 고운 대한민국 사람들의 착한 행동을 정책적으로 이끌어 내야 한다. 부모님을 모시는 일도 아줌마 손에 달렸으니 정부의 복지예산을 줄이는 일 또한 아줌마 손에 달린 셈이다.

오작교공동체

가장 추진하고 싶었지만 여의치 않았던 일이 있다. 이름하여 '오작교 공동체' 활동이다. 견우와 직녀의 간절한 만남이 오작교 위에서 이루어 졌듯이 도움을 주고자 하는 이웃과 받아야 하는 이웃을 오작교처럼 연결하는 활동이다. 다시 말하면 사회복지 안전망을 우리 아줌마들의 주도로 만들자는 것이다.

전 세계적으로 대한민국 국민처럼 인정이 많은 사람들도 드물다. ARS 모금이 우리나라처럼 잘 걷히는 나라도 거의 없다고 한다. 이러한 '인정 문화'를 생명 에너지로 승화시키는 체계적인 사회운동이 필요하지만, 이를 담아 낼 그릇이 아직 마련되지 않은 상태다.

어려운 이웃을 돌보는 일은 정성스러운 마음을 갖고 지속적으로 하는 것이 가장 중요하다. 오작교공동체는 견우와 직녀를 도운 까치와 까마귀들처럼, 좋은 일에 우리 모두 동참하자는 의미이다. 봉사활동은 적극봉사와 소극봉사로 나누어서 생각해 볼 수 있다. 적극봉사는 물질적인 도움과 함께 정성스러운 마음을 담아서 돌보는 일이다. 소극봉사는 물질적인 도움을 주는 일이다.

봉사활동 시 유의할 점으로 도움을 주는 사람은 교만을 잠재우는 노력을 게을리 하지 말고, 도움을 받는 사람은 의존하려는 마음을 경계해야 한다. 이를 잘 관리하지 못하면 봉사가 오히려 독이 될 수 있다. 간혹 연말에 반짝 시설이나 군부대에 물품을 전달하고 인증샷 찍는 데만 열중하는 경우를 보게 되는데 그리 좋아 보이지 않는다. 봉사활동 전에 마음 교육이 먼저 필요한 이유다.

구체적인 활동방법으로는 '일대일 돌봄'이 좋을 것 같다. 이를 위해서 사회 지도층에 여러 번 요청을 해 봤으나 부담스러워서인지 반응이 신통치 않았다. 부담을 덜기 위한 대안으로 '다대일(多對一) 돌봄'도 생각해 보았다. 3~5명이 팀을 구성해서 한 가정을 도울 경우 정신적, 물질적인 부담도 덜면서 도움의 질도 향상될 수 있다.

활동의 지속성을 위해서는 본인이 살고 있는 지역의 구청이나 동사무소를 방문해서 근처에 사는 기초생활보호대상자를 추천 받는 것이 좋다. 이웃을 돌보는 데 중요한 것은 무엇보다 지속성이다. 기분이 내킬 때만 돌보는 것은 그들에게 도움은커녕 상처를 줄 수 있다. 도움의 손길이 필요한 이들의 삶은 매 시간 매 초가 절박할 수 있기 때문이다.

남을 돕는 일은 스스로에게 자긍심을 갖게 한다. 자신이 착하고 괜찮은 사람이라는 자긍심은 좋은 일을 지속하게 만드는 원동력이 되고, 시간이 지날수록 내면의 진정한 행복으로 자리잡게 된다. 봉사로 느끼는 행복은 명품 가방을 사고 맛있는 음식을 먹으며 여행 다니는 재미와는 비교가 안 된다.

공무원들의 진급 심사에 노블레스 오블리주(Noblesse Oblige) 정신을 실천하는 사람을 우선순위로 진급시키는 제도를 마련해 보면 어떨까? 선진국의 필요충분조건은 공직자들의 봉사정신이 들불처럼 활활 타는가 여부에 있다고 한다. 국민소득이 높아야 선진국이라는 생각은 천박한 발상이다.

대한민국 아줌마들은 노블레스 오블리주 정신을 실천하지 않는 공직자들을 선거로 심판해야 한다. 국회의원이나 대통령을 뽑을 때 경력이나 학력도 중요하지만 봉사를 실천하는지 여부도 따져보았으면 싶다.

진리는 간단해야 한다. 진리가 복잡하면 진리가 아니듯, 훌륭한 사람을 선택하는 기준도 간단해야 한다. 지도자가 되겠다고 나서는 자들의 선택 기준도 마찬가지다. 이 길만이 허물어진 대한민국을 바로 세우고 국격을 회복하는 길이다.

소박하고 단순하게

우리를 불행으로 인도하는 것들의 정체에 대해서 생각해 보자. 바로 욕심이라는 요물이다. 욕심의 근원은 무엇일까? 욕심을 일으키는 정체는 안이비설신(眼耳鼻舌身: 눈, 귀, 코, 혀, 몸의 감각기관을 일컫는 불교 용어)이라고 할 수 있다.

눈으로 예쁜 것을 보고 '싶고', 귀로 좋은 말만 듣고 '싶고', 코로 좋은 향기를 맡고 '싶고', 혀로 맛있는 음식을 먹고 '싶고', 몸으로 사랑을 나누고 '싶어'한다. 한마디로 육체는 '싶다'덩어리다.

그런 까닭에 인간의 행복은 안이비설신을 어떻게 관리할 것인가에 달려 있다고 해도 과언이 아니다. 감각기관의 욕망을 무력화하거나 컨트롤 할 수 있다면 좋겠지만 말처럼 쉬운 일이 아니다. 지구상에 온갖 종류의 전쟁들이 멈추지 않는 것도 이런 문제에서 기인한다.

최근 미니멀리즘에 대해 관심을 갖게 되었다. 미니멀리즘은 군더더기 없이 단순한 삶을 추구하는 생활사조 혹은 예술사조를 뜻한다.

안이비설신이 요구하는 물욕이 행복을 가로막는 방해꾼이라는 점에서 미니멀리즘 라이프는 행복에 좀 더 가까워질 수 있는 삶의 형식이 아닌가 한다.

〈아무 것도 못 버리는 사람〉이라는 책을 읽은 기억이 있다. 집에 잡동사니가 많아서 물건이 벽돌처럼 척척 쌓여 있으면 기가 통하지 않아서 재수가 없고 가족들의 건강도 나빠질 수 있다는 내용을 흥미롭게 읽었다. 재수와 건강이라는 말에 움찔해서 물건을 하나씩 버리기 시작했다.

처음에는 아까운 생각이 들어 갈등이 많았지만 한두 번 반복하다 보니 차츰 버리기가 쉬워졌고 나중에는 습관으로 자리 잡게 되었다. 집안이 간결해지니 청소가 수월해졌다. 바닥에 쌓아 둔 물건이 없으니 바닥 청소도 용이하다. 물건을 사고 싶을 때마다 청소할 생각을 떠올리면 순간 주춤하게 된다.

대한불교조계종의 화쟁위원장인 도법스님은 이러한 삶을 몸으로 실천하며 사는 분이다. '화쟁'이란 모든 사회 논쟁을 화합으로 바꾸는 불교사상으로, 원효대사의 사상이다. 도법스님은 물욕과의 싸움도 화쟁으로 풀어낸다.

사무실에 과일 깎는 과도 하나 없다. 흔하디 흔한 머그잔 하나 없어서 찻잔에 커피를 따라 주신다. 여름에도 사무실 에어컨을 켜지 않는다. 아니, 당신의 방에 아예 에어컨이 없다. 얼굴에는 기름기가 너무 없어서 측은지심이 발동할 정도이며, 이발도 제때 하지 않아 더러는 스님답지 않다는 비난을 받기도 한다.

하지만 사회갈등 문제에는 적극 참여하신다. 스님은 일부러 가난한 삶을 지향한다. '소박하고 단순하게' 사는 것을 삶의 가치관으로 삼고 있기 때문이다. 미니멀리즘 라이프의 대표적인 실천가가 아닌가 한다.

경제적으로 궁핍한 나는 스님을 뵐 때마다 용기가 생기곤 한다. 나는 1990년쯤 일본 출장에서 구입한 속옷을 아직까지 입고 있다. 여성들의 체형을 고려해서 만들

김용숙 대표가 30년 넘게 사용한 물건 |

었기 때문에 착용감이 좋고 편하기 때문이다. 2002년도에 후배에게 보험을 들고 받은 스타킹 3족을 아끼고 아껴서 지금도 사용하고 있다. 바닥은 해져서 몇 군데 꿰맸지만 독특한 무늬가 마음에 들어 버리지 못하고 있다.

나는 경험을 바탕으로 해서 미니멀리즘 라이프를 실천하기 위한 나만의 쇼핑 기준을 세웠다. 남들이 좋다고 부추긴다고 해서 물건을 사지 말 것과 가능하면 유행 타는 물건을 피하는 것 등이다.

유행을 좇으면 유행 따라 물건을 계속 사야 한다. 이는 미니멀리즘 라이프의 가장 큰 훼방꾼이다. 또한 남들이 추천한 물건은 싫증나기도 쉽다.

비싼 물건을 살 때는 즉흥적으로 결정하지 말고 일단 집으로 돌아와서 다시 한번 생각해 본다. '내게 꼭 필요한 물건인가?' 아무리 생각해도 그 물건이 눈앞에 아른거리고 안 사면 죽을 것 같을 때 다시 가서 사도 늦지 않다.

내가 좋아해서 산 물건은 해지고 문드러질 때까지 오래 사용해도 싫증나지 않는다. 반면 필요하지도 않은데 싸다고 해서 산 물건들은 백발백중 쓰레기감이다. 물론 꼭 필요한 물건을 싸게 살 수 있으면 금상첨화다.

시장과 백화점에서 장사를 하면서 유통구조를 어느 정도 알고 있는 나는 옷은 동대문시장에서 구입하고 먹을거리는 재래시장이나 마트에서 구매한다. 백화점에 못 가는 게 아니라 안 가게 되었다. 좋은 물건을 고를 수 있는 나의 안목을 믿기 때문이다.

100만 원으로 한 달 살기

필자는 세 식구가 100만 원으로 한 달 살아가는 것을 목표로 삼고 있다. 이렇게 생활한 지 십여 년이 되어간다. 돈을 많이 잃어 본 경험이 있는 사람으로서 돈을 버는 것보다 잘 쓰는 것이 중요하다는 것을 절감했기 때문이다.

집을 나서는 순간부터 주머니를 털려는 유혹이 곳곳에서 검은 발톱을 드러낸다. 이러한 유혹을 과감하게 떨치지 않으면 100만 원으로 한 달을 산다는 것은 어림반푼어치도 없는 일이다.

100만 원으로 한 달을 살기 위해 무엇보다 중요한 것은 건강 관리다. 건강에 가장 중요한 덕목은 운동과 먹을거리다. 자동차 없는 생활은 자연스럽게 걷기 운동을 하도록 만든다. 가계경제에 도움이 되는 것은 말할 것도 없다.

자동차를 소유하면 유류비를 제외하고도 기본적인 비용이 50만 원 정도는 드는 것 같다. 차를 없앤 지 10여 년에 가깝다. 그동안 자동차가 없어서 할 일을 못하거나 가야 할 곳을 못 간 적은 거의 없다. 자동적으로 온실가스 배출과 교통체증 완화에도 일조한 셈이다. 대한민국의 교통망이 잘 발달된 덕택이다.

특별한 경우를 제외하고는 외식도 거의 하지 않는다. 집밥을 열심히 챙기니 가족 건강도 좋아진 것 같다. 아직까지 독감예방주사를 맞지 않는다. 특별식이 아니더라도 외식을 하게 되면 가정에서 만들어 먹는 것에 비해 약 3~4배 정도의 비용이 더 지출된다. 집밥을 즐기면 식료품비로 월 평균 40만 원 안팎이면 된다.

요즈음 같이 계란파동이 발생하면 가능하면 계란 요리를 하지 않는다. 채소를 구입할 때도 주로 재래시장을 이용하여 손질이 덜 된 것을 선택한다. 건강을 챙기면서 알뜰 구매는 덤으로 따라온다. 공산품은 상대적으로 저렴한 마트나 인터넷에서 구입한다.

신선식품을 제외한 것들은 장보기 메모를 철저하게 준비해서 한 달에 한 번 정도로 구매 기회를 제한한다. 견물생심이라는 말도 있듯이, 욕심에 노출될 기회를 줄이기 위해서다. 경제적인 살림살이의 핵심 포인트는 쏠림현상이 있는 물건은 가능하면 피하라는 것이다. 비싸고 귀한 식품이 좋다는 고정관념과도 싸우는 중이다.

경제 원리상 꼭 필요하더라도 사람들의 관심 밖에 있는 물건들은 저렴하게 마련이다. 평소 이러한 물건들을 꼼꼼하게 살핀다. 옷을 살 때에도 재고라고 해서 무조건 상품성이 떨어지는 것은 아니다. 주인을 제 때 못 만나 재고가 되었을 뿐이다. 필자는 1월이나 8월쯤 동대문시장이나 중저가 매장을 찾는다. 땡잡는 경우가 적지 않다. 좋은 물건을 저렴한 가격에 구입하면 로또에 당첨된 기분이다.

100만 원으로 한 달 살기가 가능한 것은 여유 시간이 비교적 적기 때문이기도 하다. 일에 몰두하면 돈 쓸 시간이 상대적으로 적고 백화점에 갈 기회도 거의 없다. 시민운동을 하니 좋은 싫든 사회적으로 성직자적인 삶을 요구받기도 한다. 일례로 가죽이나 모피 옷을 입을 때면 간혹 주변의 눈치를 보게 된다. 동물복지운동 또한 생명운동의 한 분야이며 생명운동은 모든 시민운동의 정점이기 때문이다.

시민운동을 시작하면서 30대에 구입했던 모피 옷들을 모두 필요한 사람들에게 나눠 주었다. 강요 받은 것이 아니라 스스로 선택한 삶이기에 크게 불편하지는 않다. 나아가 시간이 지나면서 점점 더 의미 있는 삶으로 자리 잡아가고 있다.

돈은 인간에게 나태를 선물한다. 적당한 결핍은 성장호르몬의 역할을 한다. 이를 '결핍도 능력'이라는 말로 표현하고 있다. 이러한 의미에서 단 한 달만이라도 100만 원으로 살아보기를 제안해 본다.

배려문화포럼

"이제야 알았네, 그대가 나였음을!"

배려문화포럼의 슬로건이다. '나보다 우리'라는 사회가치를 확산하자는 의미이다. 너와 내가 다르지 않음을 알아차리고 상대방을 배려하는 사회문화를 형성하고자 목사님과 스님, 진보와 보수인사가 함께 마음을 모아서 배려문화포럼을 창립하게 되었다.

지금 대한민국은 갈등공화국이라 해도 과언이 아니다. 이것을 반증하는 대표적인 사회 현상이 '갑질' 문화다. 하지만 갑과 을은 고정불변의 관계가 아니다. 어느 날 퇴근길에 경비 아저씨가 택배원의 주차를 막는 모습을 목격했다. 경비 아저씨는 택배원을 '을'로 생각하여 호통을 치고 있었다. 그러나 택배원이 집으로 돌아간다면 반대로 경비에 대해 '갑'의 위치에 서게 될 것이다. 어려운 환경에서 일하는 사람들끼리 서로 배려하지 않는 모습이 안타깝기만 했다. 영원한 갑도, 영원한 을도 없다는 것을 기억했으면 싶다.

'갑질'의 기본 심리는 약자에게 강하고 강자에게 약한 비굴한 마음이다. 대한민국 최고의 갑은 국민이다. 정치인과 대통령과 공직자는 국민의 을이어야 한다. 하지만 현실은 국민들이 스스로 갑의 권리를 포기하고 을 앞에 무릎 끊고 비굴함을 자처하고 있는 형국이다.

스스로를 소중하게 생각하고 아껴야만 가족과 이웃도 배려할 수 있는 힘이 생긴다. 이러한 마음은 자연을 배려하는 포용력으로 확장된다. 자연을 배려하는 것은 모든 생명을 사랑하는 마음이다. 21세기의 가장 바람직한 사회구조는 정부와 경제단체 그리고 시민사회가 정삼각형처럼 균형을 이루는 '트라이앵글형 국가'라고 한다.

　한국의 시민사회는 진보와 보수로 나뉘어 이념 갈등에만 열을 올리면서 시민활동의 본질을 훼손하고 있다. 그렇기 때문에 시민운동이 국민으로부터 신뢰를 잃어 가고 있는 것이다. 정치권과 경제 집단은 자신들의 이익을 위해서 수단방법을 가리지 않고 국민을 이용하려 든다.

　시민 혼자의 힘으로 이들 거대 집단에 대항하는 것은 '계란으로 바위치기'와 같기에, 시민들이 뜻을 모아서 대처하자는 것이 바로 시민사회활동의 본질이다. 머리에 붉은 띠를 두르고 길거리로 나서는 것을 시민운동으로 이해하는 것은 곤란하다. 그들은 도리어 시민운동을 왜곡하는 집단이다.

　배려문화포럼은 비판보다 대안을 제시하는 활동으로 제 3의 시민운동과 맥을 같이 한다. 네 편 내 편을 가르기보다 옳은 편을 지지함으로써 이 사회가 바른 방향으로 가는 데 도움이 되고자 하는 것이다.

배려문화포럼헌장

♣ 우리는 배려문화포럼 회원임을 자랑스럽게 생각한다.
  (자긍심)
♣ 우리는 자기배려, 가족배려, 이웃배려, 자연배려를
  생활화한다. (인간가치 실현)
♣ 우리는 배려문화가 선진한국 건설의 전제 조건임을
  자각한다. (문화인)
♣ 우리는 배려문화가 사회갈등을 치유하는 최선의 도구
  임을 인식한다. (사회화합)
♣ 우리는 배려문화가 천박한 자본주의를 극복하는 도구
  임을 명심한다. (창조적 자본주의)
♣ 우리는 노블레스 오블리주 실천이 진정한 문화인임을
  인식한다. (사회지도층 자각)
♣ 우리는 가족이 가족을 돌보는 가족복지시대를 지향
  한다. (선진복지)
♣ 우리는 배려문화 실천이 진정한 행복임을 명심한다.
  (개인행복)
♣ 우리는 진정한 배려문화인임을 증명해 보인다.
  (자아실현)

국민 고발단

사회 지도층의 부정부패를 접할 때마다 반복되는 사건들에 실망을 거듭해서인지 언제부턴가 크게 놀라지도 않게 된다. 이렇듯 비리에 대한 면역력이 생기면 대한민국은 어떻게 될까?

생각만 해도 끔찍한 일이다. 사회지도층의 비리 앞에 국민은 무기력하기만 하다. 비리 문제가 발생하면 부글부글 끓다가 며칠 지나면 잊어버리고 만다. 비리를 저지르는 저들은 이를 잘 알고 있다. 이 또한 지나가리라. 시간은 항상 그들 편인 것이다.

부정부패를 없애기 위해 '국민고발단'을 제안하고 싶다. 역대 대통령의 가족과 측근들이 부정으로 축재한 부는 공소시효 없이 환수하는 법을 만드는 것이다.

'전두환대통령특별법'을 '대통령특별법'으로 바꾸어서 국민들의 고발이 있을 경우, 역대 대통령들의 비리를 언제라도 조사할 수 있도록 해야 한다. 이를 위해 대통령 비리만 전담하는 특수부를 국회 안에 설치한다. 검찰에 대한 불신이 적지 않기 때문이다.

검찰에 대한 신뢰가 바닥인 것은 그들이 법을 공정하지 않게 다룬 결과다. 검찰의 신뢰를 다소나마 회복하려면 부장급 이상 판검사는 정치에 참여하는 것을 제한하는 법도 제정되어야 할 것이다. 이렇게 하면 정치권의 눈치를 살피는 일 없이 소신 있는 법 집행이 가능할 것이다.

판사나 검사는 국민의 생명과 재산을 직접적으로 다룬다는 점에서 어느 공직보다 도덕성이 요구되지만, 실상 검찰 집단은 우리 사회에서 가장 썩어 있다는 비판을 받고 있는 상황이다. 소시민들에게는 엄격한 잣대를 들이대면서도 권력에는 굴복하고, 동업자들끼리 서로 봐주는 '제 식구 감싸기'식의 수사를 진행하기 때문이다.

상하좌우가 다 선배고 후배이다 보니 검찰 비리가 제대로 밝혀질 수 없는 구조다. 검찰이 동료들의 비리를 낱낱이 파헤칠 수 없다면 검찰 비리를 조사하고 단죄하는 특별기구를 만들어야 할 것이다. 경찰 비리를 검찰이 수사하듯이 검찰 비리는 시민이 참여하는 특별 기구에서 조사하도록 해야 한다. 부패 사건이 터질 때마다 냄비 끓듯이 부글거리다 말 것이 아니라 이제는 국민들이 행동에 나서야 할 때다.

권력자들의 부장부패와 비리를 아줌마들이 감시해야 한다. 꼬치꼬치 따지고 물어서 국민들의 세금이 새는 것을 막아야 할 것이다. 비리뿐만 아니라 불공정과 불합리에 대해서도 눈을 크게 뜨고 지켜 보아야 한다.

아줌마운동은 결국 나와 내 가족 그리고 이웃과 사회가 행복하기 위한 운동이다. 공정함과 정직함이 우리 사회의 근간을 이루어야 더불어 행복한 세상이 될 것이다. 바른 마음으로 품격 있는 아줌마들이 이끌어 갈 아름다운 세상이 오기를 기대한다.

아줌마 헌장

♣ 우리는 아줌마임을 자랑스럽게 생각한다.

♣ 우리는 산소같은 사회를 만들기 위해서 '새 아줌마'로 거듭난다.

♣ 우리는 나와 내 가족만 생각하는 이기주의를 항상 반성한다.

♣ 우리는 남의 어려움을 나의 일로 생각하고 적극적으로 돕는다.

♣ 우리는 이 땅에서 공짜문화를 없애기 위해서 노력한다.

♣ 우리는 사치를 좋아하는 아줌마를 부러워하지 않는다.

♣ 우리는 아무리 어려운 일이라도 스스로 해결하도록 노력한다.

♣ 우리는 일을 하며 남의 탓, 환경 탓을 하지 않는다.

♣ 우리는 일을 하면서 남편과 가족들의 협조를 당당하게 받는다.

♣ 우리는 생활문화교육, 정신교육을 지속적으로 받는다.

♣ 우리는 목표가 없으면 타락한다는 것을 명심한다.

♣ 우리는 아줌마가 나라의 기둥임을 증명해 보인다.

목표 : 당당한 아줌마/현명한 아내/훌륭한 어머니

아줌마 헌장은
이 땅에 사는 아줌마들의 자존감을 회복하고
이것이 행복의 씨앗이 되고 희망의 등불이 되어서
대한민국 국민이 행복한 세상에 도움 되고자
1999년 아.나.기(아줌마는 나라의 기둥) 창립과 함께 제정되었다.

아줌마 자존감 회복

아줌마의 가치관을 바로 세우고 자존감을 회복하는 것이 대한민국 국민의 행복을 담보하는 일이다. 자존감이 결여되면 가족과 주변에 의존하게 된다. 자존감이 없는 여성은 남편과 자녀에게 참견하고 집착하면서 이것을 관심과 사랑이라고 착각한다. 가족을 위해 희생한다고 생각하기에 보상심리가 뒤따르게 된다.

집착은 아무리 가깝고 좋은 관계도 망가뜨릴 수 있다. 자녀들은 집착하면서 보상을 바라는 엄마를 회피하게 되고 엄마는 관계를 유지하기 위해 자녀들에게 휘둘리게 된다. 버릇없는 자녀가 양산되는 것이다.

자존감 없는 아내는 사랑이라는 이름으로 남편에게 의존하면서 자신만의 것으로 독점하기 위해 끊임없이 바가지를 긁어댄다. 이것을 곱게 받아 낼 수 있는 사람은 많지 않다.

남편은 아내를 피해 어떤 것에든 한눈을 팔게 되고 아내는 남편을 배은망덕하고 무책임한 사람으로 취급한다. 결국 가정이 파탄나면서 부부는 물론 자녀들까지 고통 받게 된다. 물론 많은 숫자가 아니리라 믿고 싶지만 이것이 우리 사회의 자화상임을 부인하기 힘든 현실이다.

아줌마 일자리플랫폼

필자는 아줌마들의 자존감 회복 문제를 일에서 찾고자 한다. 가능하면 누군가에게 고용되기보다 아줌마 스스로 CEO가 되는 일자리가 바람직하다는 생각이다. 이것이 자존감 회복에 도움이 되기 때문이다. 전문성이나 돈이 없어도 누구나 참여 가능한 일이어야 한다. 아줌마 일자리플랫폼은 일자리에 대한 고정관념을 혁신하는 일이다.

아줌마 일자리플랫폼은 아줌마들의 생활노하우를 경제활동과 연계하는 일자리 창출 프로젝트다. 아줌마 스스로 창업자이자 소비자가 되자는 의미다. 대부분 정년퇴직 했지만 아직 뒷전으로 물러앉기엔 너무 젊은 베이비부머 세대들도 함께 참여하면 좋겠다.

아줌마가 중심이 되는 일자리는 가족들까지 자연스럽게 참여할 수 있다는 장점이 있다. 요즘 한창 문제가 되고 있는 청년실업문제 해소에도 어느 정도 도움이 될 것으로 본다. 일자리플랫폼이 성공적인 가족기업 시대를 열어나갈 수 있는 디딤돌이 되기를 희망한다.

부익부 빈익빈은 일자리플랫폼으로 개선한다

이제 개천에서 용 나는 시대는 끝났다고 한탄하는 이들이 많다. 일명 'OO사'자 직업이 아니면 실패한 인생으로 생각하는 풍조가 있었지만 현실은 달라지고 있다. 알파고 시대에 변호사와 의사라는 직업은 사라지게 될지도 모른다. 판례와 법률지식을 입력하면 인공지능이 알아서 판결을 내릴 수 있을 것이다. 어쩌면 그 편이 더 나을 거라는 생각도 든다. 의학계에서도 이미 인공지능이 수술을 담당하고 있다. 예전 같으면 서고에 꽁꽁 싸매 두었을 전문지식도 인터넷만 열면 차고 넘친다.

전문가와 부자 그리고 출세의 개념이 바뀌고 있다. 좋은 직업에 대한 낡은 사고방식은 이제 버려야 한다. 마음이 빈약하면 가난한 사람이고, 마음이 풍요로우면 부자이다.

자신이 하고 싶은 일을 즐겁게 하는 사람이야말로 가장 행복한 사람이다. 행복한 사람들에게 더 이상 부익부 빈익빈의 개념은 존재하지 않는다. 아줌마 일자리플랫폼은 스스로 행복을 찾아가는 일자리 창출 프로젝트다.

정부의 일자리 창출의 허와 실

정부의 일자리 창출 계획만 믿고 있다가는 날 샌다. 정치권이나 정부에서 주장하는 일자리 창출 주장은 자신들의 권력을 보존하기 위한 수단에 불과한 것 같다. 정부를 믿지 못하는 것은 불행한 일이지만 어찌하겠는가? 그것이 현실인 것을. 그렇다고 정부나 정치권만 원망하고 있으면 손해 보는 것은 국민들이다. 국민들이 선제적으로 움직여서 정부나 정치권이 일자리 창출을 위해서 움직이도록 강제하지 않으면 안 된다. 국민들이 먼저 채찍을 들어야 한다.

일자리 지키는 미국

미국은 시스템으로 움직이는 국가다. 누구나 빈 몸으로 미국에 가도 근면하면 먹고 살 수 있는 나라다. 시스템이 지배하는 국가는 원칙이 있음을 의미한다. 배경이 없어도 노력하면 안정된 생활이 보장된다.

미국에서 생활했던 배우 정한용 씨의 경험에 의하면 미국은 고속도로의 스카이패스 제도를 폐지하고, 쓰레기를 길거리에 버려도 별로 규제하지 않는 정책을 편다고 한다.

이렇듯 얼핏 보아서는 이해하기 힘든 정책을 펴는 이유는 인공지능(AI)으로부터 노동시장의 일자리를 보호하기 위해서다. 4차산업혁명의 그늘을 밝히는 정책이라 할 수 있다.

정책의 옳고 그름을 떠나서 국가가 국민의 일자리 제공을 위해 진정으로 애쓰는 모습만큼은 대한민국 위정자들이 배워야 할 대목이 아닐까 생각한다.

행복대한민국

아줌마들을 만날 기회가 오면 적극적으로 일을 권장하곤 한다. 자존감을 가지고 스스로의 행복을 찾으라는 이유에서다. 남편 혹은 자녀들에게 받는 돈보다 스스로 버는 돈이 훨씬 보람 있다.

돈은 자존심을 지켜 주는 도구다. 아줌마가 행복해야 가족이 행복하고 가족의 행복은 갈등 없는 사회의 기반이 된다. 아줌마가 행복한 사회를 만들기 위해서 전 국민이 마음을 모아야 하는 이유다. 이렇듯 개개인의 소소한 기쁨들이 사회 전체로 퍼져나가 행복한 사회가 되는 일에 작은 힘을 보태고자 한다.

2017년 2월
전 국민의 행복한 삶을 바라는 간절한 마음을 담아서.....

www.anagi.info
01031721134@hanamil.net

SANG SANG BIO
상상바이오(주)

상상파크

건강용품 · 건강식품 쇼핑몰
Tel. **1577-2298**

건강을 위한 똑똑한 쇼핑
www.sspark24.com

상상나무

::돌선상상예찬 ::돌선상상클리닉
Tel. **031)973-5191**

미래를 여는 지식의 힘
www.smbooks.com

상상바이오(주) | One-Stop Total Communication
출판 · 광고 · 인쇄 · 디자인 · 기획 · 마케팅

상상나무와 함께 지식을 창출하고 미래를 바꾸어
나가길 원하는 분들의 참신한 원고를 기다립니다.
한 권의 책으로 탄생할 수 있는 기획과 원고가 있
으신 분들은 연락처와 함께 이메일로 보내주세요.

이메일 : ssyc973@daum.net